Polyglott-Reiseführer

Sizilien

Nicole

Polyglott-Verlag München

Langenscheidt Mini-Dolmetscher

Allgemeines

Guten Tag	Buongiorno [buon**d~~sch~~or**no]
Hallo!	Ciao! [**tscha**o]
Wie geht's?	Come sta? [**ko**me sta]
Danke, gut.	Bene, grazie. [**bä**ne **gra**zje]
Ich heiße ...	Mi chiamo ... [mi kj**a**mo]
Auf Wiedersehen.	Arrivederci. [arriwe**der**tschi]
Morgen	mattina [mat**ti**na]
Nachmittag	pomeriggio [pome**rid~~sch~~o**]
Abend	sera [**ß**era]
Nacht	notte [**not**te]
morgen	domani [do**ma**ni]
heute	oggi [**od~~sch~~i**]
gestern	ieri [järi]
Sprechen Sie Deutsch?	Parla tedesco? [**par**la te**des**ko]
Wie bitte?	Come, prego? [**ko**me **prä**go]
Ich verstehe nicht.	Non capisco. [non ka**pis**ko]
Sagen Sie es bitte nochmals.	Lo può ripetere, per favore. [lo pu**o** ri**pä**tere per fa**wo**re]
..., bitte.	..., per favore. [per fa**wo**re]
danke	grazie [**gra**zje]
Keine Ursache.	Prego. [**prä**go]
was / wer / welcher	che / chi / quale [ke / ki / ku**a**le]
wo / wohin	dove [**do**we]
wie / wieviel	come / quanto [**ko**me / ku**an**to]
wann / wie lange	quando / quanto tempo [ku**an**do / ku**an**to **täm**po]
warum	perché [per**ke**]
Wie heißt das?	Come si chiama? [**ko**me ßi kj**a**ma]
Wo ist ...?	Dov'è ...? [do**wä**]
Können Sie mir helfen?	Mi può aiutare? [mi pu**o** aju**ta**re]
ja	sì [ßi]
nein	no [no]
Entschuldigen Sie.	Scusi. [**sku**si]
Das macht nichts.	Non fa niente. [non fa nj**än**te]

Sightseeing

Gibt es hier eine Touristeninformation?	C'è un ufficio di turismo qui? [**tschä** un uf**fi**tscho di tu**ri**smo ku**i**]
Haben Sie einen Stadtplan / ein Hotelverzeichnis?	Ha una pianta della città / un annuario alberghi? [a **u**na pj**an**ta **del**la tschit**ta** / un annu**ar**jo al**bär**gi]
Wann ist ... geöffnet?	A che ora è aperto (m.) / aperta (w.) ...? [a **ke** **o**ra ä a**pär**to / a**pär**ta]
geschlossen	chiuso (m.) / chiusa (w.) [kj**u**so / kj**u**sa]
das Museum	il museo (m.) [il mu**se**o]
die Kirche	la chiesa (w.) [la kj**ä**sa]
die Ausstellung	l'esposizione (w.) [lesposizj**o**ne]
Wegen Restaurierung geschlossen.	In restauro. [in res**tau**ro]

Shopping

Wo gibt es ...?	Dove posso trovare ...? [**do**we **pos**so tro**wa**re]
Wieviel kostet das?	Quanto costa? [ku**an**to **kos**ta]
Das ist zu teuer.	È troppo caro. [ä **trop**po **ka**ro]
Das gefällt mir (nicht).	(Non) mi piace. [(non) mi pj**a**tsche]
Gibt es das in einer anderen Farbe / Größe?	Ce l'ha anche di un altro colore / un'altra taglia? [tsche la **ang**ke di un **al**tro ko**lo**re / un **al**tra **tal**ja]
Ich nehme es.	Lo prendo. [lo **prän**do]
Wo ist eine Bank?	Dov'è una banca? [do**wä** una **bang**ka]
Ich suche einen Geldautomaten.	Dove posso trovare un bancomat? [**do**we **pos**so tro**wa**re un bangko**mat**]
Geben Sie mir 100 g Käse / zwei Kilo Pfirsiche	Mi dia un etto di formaggio / due chili di pesche. [mi **di**a un **ät**to di for**ma**d~~sch~~o / **du**e **ki**li di **päs**ke]
Haben Sie deutsche Zeitungen?	Ha giornali tedeschi? [a d~~sch~~or**na**li te**des**ki]
Wo kann ich telefonieren / eine Telefonkarte kaufen?	Dove posso telefonare / comprare una scheda telefonica? [**do**we **pos**so telefo**na**re / kom**pra**re una **ske**da tele**fo**nika]

Notfälle

Ich brauche einen Arzt / Zahnarzt.	Ho bisogno di un medico / dentista. [o bi**son**jo di un **mä**diko / den**tis**ta]

Rufen Sie bitte einen Krankenwagen / die Polizei.	Chiami un'ambulanza / la polizia, per favore. [kjami un‿ambu**lan**za / la poli**zi**a per fa**wo**re]
Wir hatten einen Unfall.	Abbiamo avuto un incidente. [abb**ja**mo a**wu**to un intschi**dän**te]
Wo ist das Polizeirevier?	Dov'è la polizia? [do**wä** la poli**zi**a]
Ich bin bestohlen worden.	Mi hanno derubato. [mi **an**no deru**ba**to]
Mein Auto ist aufgebrochen worden.	Hanno forzato la mia macchina. [**an**no for**za**to la **mi**a **mak**kina]

Essen und Trinken

Die Speisekarte, bitte.	Il menu per favore. [il me**nu** per fa**wo**re]
Brot	pane [**pa**ne]
Kaffee	caffè / espresso [kaf**fä** / es**präs**so]
Tee	tè [tä]
mit Milch / Zucker	con latte / zucchero [kon **lat**te / **zuk**kero]
Orangensaft	succo d'arancia [**suk**ko da**ran**tscha]
Mehr Kaffee, bitte.	Un altro caffè, per favore. [un **al**tro kaf**fä** per fa**wo**re]
Suppe	minestra [mi**näs**tra]
Nudeln	pasta [**pas**ta]
Fisch / Meeresfrüchte	pesce / frutti di mare [**pe**sche / **frut**ti di **ma**re]
Fleisch	carne [**kar**ne]
Geflügel	pollame [pol**la**me]
Beilage	contorno [kon**tor**no]
vegetarische Gerichte	piatti vegetariani [pj**at**ti wed~~sch~~etar**ja**ni]
Ei	uovo [**uo**vo]
Salat	insalata [inßa**la**ta]
Dessert	dolci [**dol**tschi]
Obst	frutta [**frut**ta]
Eis	gelato [d~~sch~~e**la**to]
Wein	vino [**wi**no]
weiß / rot / rosé	bianco / rosso / rosé [bj**ang**ko / **ros**so / ro**se**]
Bier	birra [**bir**ra]
Aperitif	aperitivo [aperi**ti**wo]
Wasser	acqua [**a**kua]
Mineralwasser	acqua minerale [akua mine**ra**le]
mit / ohne Kohlensäure	gassata / naturale [gas**sa**ta / natu**ra**le]
Frühstück	prima colazione [**pri**ma kolaz**jo**ne]
Mittagessen	pranzo [**pran**dso]
Abendessen	cena [**tsche**na]
eine Kleinigkeit	uno spuntino [uno spun**ti**no]
Ich möchte bezahlen.	Il conto, per favore. [il **kon**to per fa**wo**re]
Es war sehr gut / nicht so gut.	Era molto buono. / Non era buono. [**ä**ra **mol**to bu**o**no / non **ä**ra bu**o**no]

Im Hotel

Ich suche ein gutes / nicht zu teures Hotel.	Cerco un buon albergo / un albergo economico. [**tscher**ko un bu**on** al**bär**go / un al**bär**go eko**no**miko]
Ich habe ein Zimmer reserviert.	Ho riservato una camera. [o riser**wa**to una **ka**mera]
Ich suche ein Zimmer für ... Personen.	Cerco una camera per ... persone. [**tscher**ko una **ka**mera per ... per**ßo**ne]
Mit Dusche und Toilette.	Con doccia e servizi. [kon **do**tscha e ser**wi**zi]
Mit Balkon / Blick aufs Meer.	Con balcone / vista sul mare. [kon bal**ko**ne / **wis**ta sul **ma**re]
Wieviel kostet das Zimmer pro Nacht?	Quanto costa la camera per notte? [ku**an**to **kos**ta la **ka**mera per **not**te]
Mit Frühstück?	Con prima colazione? [kon **pri**ma kolaz**jo**ne]
Kann ich das Zimmer sehen?	Posso vedere la camera? [**pos**so we**de**re la **ka**mera]
Haben Sie ein anderes Zimmer?	Avete un'altra camera? [a**we**te un‿**al**tra **ka**mera]
Das Zimmer gefällt mir (nicht).	Mi piace la camera. / La camera non mi piace. [mi pj**a**tsche la **ka**mera / la **ka**mera non mi pj**a**tsche]
Kann ich mit Kreditkarte bezahlen?	Posso pagare con carta di credito? [**pos**so pa**ga**re con **kar**ta di **kre**dito]
Wo kann ich parken?	Dove posso mettere la macchina? [**do**we **pos**so **met**tere la **mak**kina]
Können Sie das Gepäck in mein Zimmer bringen?	Mi può portare i bagagli in camera? [mi pu**o** por**ta**re i ba**ga**lji in **ka**mera]
Haben Sie einen Platz für ein Zelt / einen Wohnwagen / ein Wohnmobil?	C'è ancora posto per una tenda / una roulotte / un camper? [tschä ang**ko**ra **pos**to per una **tän**da / una ru**lott** / un **kam**per]
Wir brauchen Strom / Wasser.	Abbiamo bisogno di corrente / acqua. [abb**ja**mo bi**so**njo di kor**rän**te / **a**kua]

INHALT

Allgemeines

Städtebeschreibungen

Beton zwang zwar Grau rein und Grün raus, doch noch immer liegt der süße Duft von Orangenblüten wie eine Verheißung über Palermo. Aber selbst die Patina über dem einstigen Glanz konnte Siziliens Hauptstadt nichts von ihrer Würde rauben.

Kein Wunder, daß in Siziliens zweitgrößter Stadt das Leben einem Tanz auf dem Vulkan gleicht. Denn nirgendwo geht es temperamentvoller zu als im Schatten des feuerspeienden Ätna, des majestätischen Schicksalsbergs der uralten Griechenstadt Catania.

Routenbeschreibungen

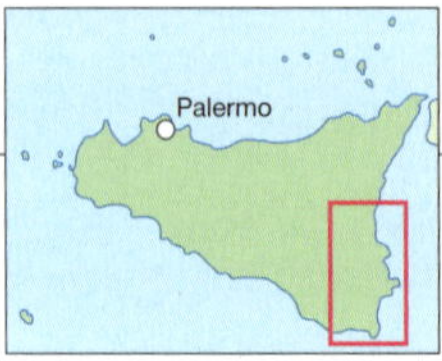

Auf den heiligen Stätten der Griechen stehen christliche Kirchen; Jahrtausende verschmelzen zu Gesamtkunstwerken. Eine Tour zu den barocken Schönheiten.

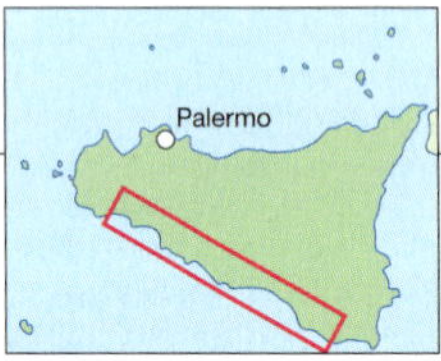

Sizilien kann sich der größten und am besten erhaltenen Heiligtümer der Antike rühmen. Vor 2500 Jahren entstanden die Tempel von Agrigent und Selinunte.

Routenbeschreibungen

Editorial

Wer heutzutage eine Reise nach Sizilien plant, der muß unter Garantie eine Frage bis zum Überdruß beantworten: „Keine Angst vor der Mafia?“ Bedauerlicherweise fällt nämlich sehr selten jemandem im Zusammenhang mit der größten Insel im Mittelmeer spontan etwas anderes ein. An zweiter Stelle rangiert die Assoziation mit der „dritten Welt am Ende Europas“, wo neben den allmächtigen Paten der „ehrenwerten Gesellschaft“ zusätzlich noch ein feuerspeiender Vulkan Angst und Schrecken verbreitet. Alles nicht wahr, oder zumindest nicht so. Bei dem großartigen Naturschauspiel eines Ätna-Ausbruchs muß niemand um sein Leben fürchten, und auch die Mafia krümmt keinem Touristen ein Haar. Ganz im Gegenteil, schließlich verdient sie ja auch am Geschäft mit dem Fremdenverkehr.

Doch Medien lieben nun einmal Sensationen und so vergeht kaum ein Tag, an dem das italienische Fernsehen nicht landesweit Negatives über die Insel Sizilien berichtet. Ein schlechter Ruf kann aber durchaus auch Gutes bewirken. Die Insel blieb nicht zuletzt deswegen vom Massentourismus verschont, der so viele Küsten des Mittelmeeres unwiderruflich zubetoniert hat. Sizilien aber bewahrte seine Schönheiten für jene Reisende, die mit der Seele nach Goethes Land der blühenden Zitronen suchen – und vielleicht das Arkadien ihrer Sehnsucht finden. Denn wie sollte man sich den zarten Mandelblüten vor dem verschneiten Ätna-Massiv entziehen, wie den rauen Felsküsten und seinen Sandstränden, wie den prunkvollen Villen und alten Tempeln? Sizilien kann man nur erliegen.

Die legendäre Zyklopenküste Riviera dei Ciclopi am Ionischen Meer

Buntes Straßenleben

Taormina vor dem Ätna-Massiv

Die Autorin

Nicole Catta, 1968 in Frankfurt geboren, studierte Germanistik. Nach dem Studium engagierte sie sich in der Reisebranche. Seit 1990 lebt sie als freie Mitarbeiterin verschiedener Fachzeitschriften für Touristik auf Sizilien und zeigt mit Begeisterung Fremden die Schönheit ihrer Wahlheimat.

Erben antiker Menschen

Die Spurensuche nach dreitausend Jahren allgegenwärtiger Vergangenheit sollte nicht den Blick auf das heutige Sizilien verschleiern. Denn diese Insel, die innerhalb nur weniger Jahrzehnte den Sprung aus dem Mittelalter ins 20. Jh. geschafft hat, will keineswegs als einziges großes Freilichtmuseum betrachtet werden. Erst eine Begegnung mit dem Heute lässt das Gestern lebendig werden.

Ein konkretes Beispiel: Nur ein schmaler Grünstreifen trennt in Agrigent die antiken Heiligtümer von der Skyline der modernen Stadt. Nun kann man die zugegebenermaßen recht hässlichen Hochhäuser als unerwünschte Kulisse lauthals beklagen. Oder aber allen Bausünden zum Trotz in die heitere Atmosphäre einer sizilianischen Provinzhauptstadt eintauchen und mit einem Mal den Charme einer Piazza entdecken, auf der es nicht viel anders zugeht als zur Zeit der Griechen: uralt ist die Zeichensprache, mit der vorbeiflanierende Männer beim obligaten Abendspaziergang ihren Ärger über Politik und Steuern oder ihre Freude über eine gute Olivenernte zum Ausdruck bringen.

Als Erben antiker Menschen erfinden sie tagtäglich die Welt aufs Neue und mit einem Mal begreift man, dass Philosophien, Komödien und Tragödien nur auf solch einem Boden wachsen und ihn zur höchsten Blüte bringen konnten.

Lebendige Geschichte findet sich auch in den Gesichtern der Menschen. Auf jeder Piazza, auf jedem Fischmarkt erzählt Sizilien von all jenen Völkern und Eroberern, die kamen, sahen – und für immer auf der Insel blieben.

Lage und Landschaft

Trinacria, „die drei Vorgebirge“, nannte Homer das von drei Meeren umspülte und von drei Gebirgsstöcken durchzogene dreieckige Eiland, das er zu einem Schauplatz der Odyssee machte.

Zum Symbol für die mythenreiche Insel wählte die Antike einen von Schlangen, Flügeln und drei abgewinkelten Beinen umrahmten Mädchenkopf, wobei die Griechen das Antlitz zu einer schrecklichen Gorgonenfratze verzerrten, die Römer hingegen das lächelnde Konterfei ihrer Fruchtbarkeitsgöttin Ceres bevorzugten.

Die drei laufenden Beine weisen auf die Erdverschiebungen hin, von denen die 25 708 km² große Mittelmeerinsel nach wie vor heimgesucht wird. Der Brückenkopf zwischen Europa und Afrika ist ein im wahrsten Sinne des Wortes „schwimmendes“ Eiland, das keineswegs fest zwischen dem Tyrrhenischen, Ionischen und „afrikanischen Meer“ verankert ruht. Doch keine Sorge, die bloß in Zentimetern messbaren Bewegungen stellen ebenso wenig eine ernste Gefahr dar wie Europas größter aktiver Vulkan, der 3400 m hohe *Ätna*.

Der Ätna

Die Dimensionen des Vulkans änderten sich im Laufe der Jahrtausende, jeder Ausbruch eröffnete neue Krater, jede Eruption verwandelte die Landschaft. Nur seinen Schrecken für die Bevölkerung hat er mittlerweile weitgehend verloren. Ätna-Ausbrüche bringen niemanden in Lebensgefahr, der sich nicht selbst in diese begibt und sich ohne Bergführer leichtsinnig den giftigen Dämpfen des ausströmenden Magmas nähert. Denn im Fall des Falles fließt die glühende Lava, die sich meist in unbewohnte Gebiete ergießt, viel zu langsam, als dass sie einen Menschen einholen könnte.

Von Ost nach West durchziehen drei Gebirgsmassive die nur zu 24 % aus Ebenen, 58 % aus Hügelland und 18 % aus Bergregionen bestehende Insel: die Gebirgsstöcke Peloritani, Nebrodi und Madonie.

Die an ihrer schmalsten Stelle nur 5 km breite *Straße von Messina* trennt Sizilien vom Festland, bloß 140 km beträgt bei Marsala die Distanz zur nordafrikanischen Küste.

Schließlich zählen noch drei Archipele zu Sizilien: im Norden die nahen *Isole Eolie* (Äolische oder Liparische Inseln), im Westen die ebenfalls in Sichtweite liegenden *Isole Egadi* (Ägadische Inseln) und weit im Süden die *Isole Pelagie* (Pelagische Inseln) sowie die 83 km entfernte und mit 83 km² größte sizilianische Insel *Pantelleria*. Ebenfalls noch zu Siziliens Territorium gehört 60 km nördlich von Palermo die Insel *Ustica*, als naturgeschütztes Unterwasserreservat das Taucherparadies schlechthin.

Stolze Ernte

Klima und Reisezeit

Wenn die an Pflanzenarten reichste Insel des mediterranen Raumes in einem Blütenmeer explodiert, wenn in den ersten Monaten des Jahres das Gold der Mimosenbäume vom strahlenden Sonnengelb des Ginsters abgelöst wird und mit dem Rosaweiß der Zitronen- und Orangen-, Mandel- und Kirschbäume wetteifert, dann steht der Nordländer fassungslos vor diesem Wunder der Natur. Erst mit der Pracht des wilden Oleanders, der Autobahnen und Wegesränder gleichermaßen im gesamten Farbspektrum von Rottönen säumt und in seiner ungezähmten Vitalität Hobbygärtner unserer Breiten vor Neid erblassen lässt, erreicht auch das Wasser mehr als kühle 17 bis 18 °C.

Badefreuden im Mai und manchmal auch im Juni darf man bloß in Ausnahmejahren erwarten; das Mittelmeer erholt sich nämlich nur langsam von den kühlsten Monaten Januar und Februar

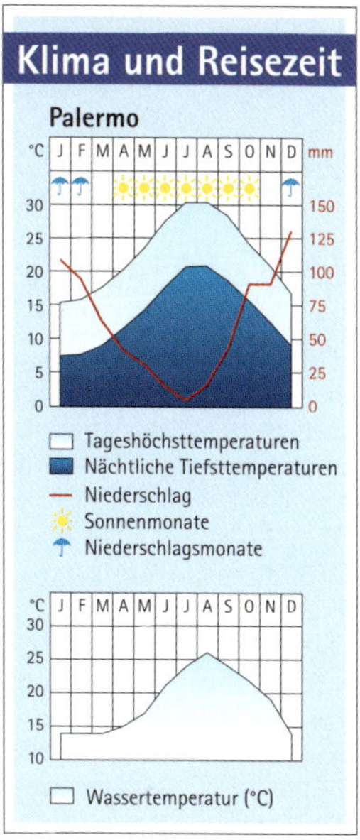

mit durchschnittlichen Luft- und Wassertemperaturen um 14 Grad Celsius. Dafür speichert es die Wärme bis zum Winter, noch im November und oft sogar auch im Dezember weist es vor Siziliens Küsten 20 Grad Celsius und mehr auf.

Der Herbst erhielt im 20. Jh., das sich nach einer langen Pause der Wiederentdeckung des Körperbewusstseins rühmen darf, somit eine weitere Dimension: Kulturlaub im sanften Licht des ausklingenden Sommers, kombiniert mit Wassersport in herrlich warmem Nass.

Vor dem glühend heißen August, wenn der aus Afrika kommende Wüstenwind Schirokko häufig drei Tage lang und mehr mit 40 Grad Celsius über die Insel weht, seien aber nicht nur all jene gewarnt, die Hitze schlecht vertragen. Agosto, der klassische Urlaubsmonat in ganz Italien, verwandelt auch Sizilien in ein Tollhaus erholungssüchtiger Einheimischer.

Wer auf die Schulferien angewiesen ist, reise entweder gleich im Juli oder ab der letzten Augustwoche, wenn der Spuk weitgehend vorbei ist. Dann räkelt sich das gesamte Land gleichermaßen genussvoll wie erschöpft und lässt den Gast an seiner Freude über die Ruhe nach dem Sturm teilhaben.

Natur und Umwelt

Dass die Südländer den Umweltschutz erfunden haben, kann wahrlich niemand behaupten. Im Gegensatz zum Norden entdeckt der gesamte Mittelmeerraum seine Beziehung zur Natur nur äußerst zögernd – und Sizilien bildet dabei leider keine Ausnahme.

Die Gründe, warum sich der mediterrane Mensch generell weit weniger Gedanken um seine Umwelt macht, sind vielschichtig und eigentlich noch kaum erforscht. Seit den späten 80er Jahren entdeckte man jedoch auch im Süden Italiens den Begriff Lebensqualität und alles, was damit zusammenhängt. Regelmäßige Müllabfuhr und Fußgängerzonen im Zentrum der in Lärm- und Abgashöllen verwandelten Städte sind erste Schritte in die richtige Richtung.

Unvorstellbar erscheint beispielsweise heute, dass Taorminas von noblen Läden, Bars und Restaurants gesäumter Corso – *die* Flaniermeile Siziliens schlechthin – noch 1983 für den gesamten Verkehr freigegeben war. Allmählich verschwinden nicht nur die wilden Deponien im Weichbild der Landschaft, auch nahezu jede kleine Gemeinde in Siziliens Fremdenverkehrszentren verfügt bereits über eine Abwasser-Ringleitung. Gerade rechtzeitig hat man im Süden den Kampf um ein sauberes Meer aufgenommen.

Bisher verseuchen weder Algenpest noch Quallenschwärme die Strände Trinacrias, doch sollten die reichen Millionenstädte Mailand und Turin auch im dritten Jahrtausend ihre Abwässer ungeklärt in den Po und damit in die Adria leiten, dann sieht auch die Zukunft des südlichen Mittelmeeres mehr als düster aus.

Fauna, Flora, Nationalparks

Wie effektiv eine kleine Gruppe aktiver Umweltschützer sein kann, beweist die erstaunliche Tatsache, dass Sizilien über nicht weniger als drei regionale Naturparks und 19 weitere Reservate verfügt, die insgesamt eine Fläche von

Das Ätna-Naturreservat

In ganz Europa gibt es keine vergleichbare Vegetation, die von subtropischem sowie mediterranem Bewuchs wie Zitrusfrüchten und Palmen über Weinreben, Pistazien-, Kirsch- und Apfelbäumen, schließlich Eichen- und Kastanienwäldern bis zu einer hochalpinen Pflanzenwelt reicht und ein unglaubliches Spektrum bietet.

mehr als 280 000 ha – mehr als 10 % der Inseloberfläche – umfassen.

Üppige Flora an der Küste von Taormina

An erster Stelle muss das 60 000 ha große, 1981 gegründete *Ätna-Naturreservat* genannt werden. Doch nicht der Berg der Berge, sondern das etwa 1600 ha große *Reservat des Zingaro* am Golf von Castellammare in der nordwestlichsten Ecke der Insel gilt als Pionier unter den sizilianischen Naturschutzgebieten. Es entstand im Mai 1980 und verdankt seine Existenz eigentlich einem Volksaufstand. Abertausende Sizilianer protestierten damals erfolgreich gegen die geplante Parzellierung einer ihrer schönsten Küsten, die zu gigantischen Bauspekulationen und einer Zubetonierung der Landschaft geführt hätte.

Erwähnenswert sind ferner zwei Eilande vor Sizilien, die faktisch in ihrer Gesamtheit zu Naturschutzzonen wurden: das zum Ägadischen Archipel zählende *Marettimo* und die zweitgrößte Liparische Insel *Salina*.

Zu bereden gibt es viel

Bevölkerung und Religion

Von den rund 5 Millionen Inseleinwohnern bekennen sich etwa 95 % zum römischen Katholizismus. Der Rest splittert sich in Griechisch-Katholische, Griechisch-Orthodoxe und andere Religionsgemeinschaften (Mormonen u. a.) auf. Das Verhältnis der Sizilianer zum Vatikan war – und ist – dennoch von jeher ein zwiespältiges, denn von Rom ließ man sich noch nie gerne etwas vorschreiben.

Dass Johannes Paul II. bei seinen mehrfachen Besuchen auf begeisterte Aufnahme gestoßen ist, liegt schlicht in der expliziten Marienverehrung des Papstes aus Polen begründet. Mehr als Gottvater, Sohn und Heiligen Geist liebt man nämlich die Muttergottes auf der seit Jahrtausenden von Göttinnen regierten Insel.

Steckbrief

Lage: Zwischen 36,6 und 38,3 Grad nördlicher Breite sowie zwischen den Meridianen 12 und 15,7.

Fläche: Mit 25 708 km² ist Sizilien die größte Insel des Mittelmeeres.

Bevölkerung: Rund 5 Millionen Einwohner. Das ergibt eine Dichte von 193 Menschen pro km² (Italien gesamt durchschnittlich 179). Mehr als ein Drittel der Sizilianer lebt in den fünf Städten Palermo, Catania, Messina, Siracusa und Trapani.

Settimana Santa

Höhepunkt des Kirchenjahres ist die mit erschütternden Prozessionen begangene Karwoche, die „Settimana Santa". Vor allem in Enna im Inselzentrum, aber auch in Agrigent, Caltanissetta, Erice und Trapani wird der Tod des Heilands in einem Trauerzug begangen. Verhüllt von Kopf bis Fuß und mit spitzen Hüten auf dem Haupt tragen die Männer der Stadt lebensgroße Statuen des toten Jesus und der trauernden Madonna von Sonnenuntergang bis zu den frühen Morgenstunden durch die Straßen.

Die Madonna, direkte und logische Nachfolgerin der griechischen Fruchtbarkeitsgöttin Demeter beziehungsweise der römischen Korngöttin Ceres, beherrscht den Glauben der Menschen. Zu ihr fleht man um Hilfe, Rat und Unterstützung, ihr sind 53 % aller Gotteshäuser geweiht. Mehr als 300 Heilige müssen die andere Hälfte der Kirchen untereinander aufteilen, wobei wiederum weibliche absoluten Vorrang besitzen. Nicht zufällig fungieren ausschließlich Frauen als Schutzpatroninnen der größten Städte. So wacht die hl. Rosalia über Palermo, die hl. Agatha über Catania, die hl. Lucia über Syrakus und um Messina kümmert sich gar die Muttergottes höchstpersönlich.

Landwirtschaft und Industrie

Die Griechen brachten Trinacria einst Wein und Oliven, die Römer betrachteten die Insel in erster Linie als nahezu unerschöpfliche Kornkammer ihres Reiches, die Araber stellten sich mit Zuckerrohr, Baumwolle und Zitrusfrüchten ein, die Spanier importierten nach der Entdeckung Amerikas Feigenkakteen und Tomaten. Was auch immer von wem auch immer auf sizilianische Erde verpflanzt wurde, trug von jeher üppige Früchte. Die großzügigen Geschenke der Natur konnten freilich bis zur Mitte des 20. Jhs. bittere Armut, Hungersnöte und Elend nicht verhindern. Denn in antiker Tradition teilte sich die Bevölkerung stets in Herren und Sklaven, in einige wenige Besitzende und in ein Heer von Besitzlosen. Einen selbstständigen Bauernstand gab es nicht, sondern bloß rechtlose Landarbeiter beziehungsweise Pächter auf der einen und unermesslich reiche Großgrundbesitzer auf der anderen Seite.

Vor allem das Inselinnere spiegelt das erst mit der Landreform von 1950 weitgehend beseitigte Feudalsystem bis heute wider. So weit das Auge reicht, dehnen sich Äcker, Felder, Obstplantagen; kein Dorf, kein noch so bescheidener Weiler nistet zwischen den Hügeln und Ebenen. Menschenleeres Bauernland, in seiner Einsamkeit ein Bild von unfassbarer Schönheit – und im zersiedelten Mitteleuropa unvorstellbar. Dafür aber existiert eine Unzahl großer, gesichtsloser Städte, denen unsere Zeit mit ihren Peitschenleuchten und Fertigteilbauten den letzten Rest Eigenleben genommen hat. Wie ihre Väter fühlen sich Siziliens Bauern auch heute noch bloß in einer großen Gemeinschaft geborgen. Zwar reiten sie nicht mehr vor dem Morgengrauen auf Maultier oder Esel hinaus auf die Felder und kehren erst beim letzten Tageslicht nach stundenlangem Weg wieder zurück – die Motorisierung spart Zeit und Mühe –, doch im Prinzip hat sich nichts verändert. Nur die Stadt bietet Sicherheit und Zerstreuung; in einem winzigen Dorf oder gar in einer Siedlung mitten auf dem Land will keiner leben.

Außer den Agrarprodukten, bei denen das Frühgemüse für den EU-Raum mittlerweile die meisten Erträge bringt, gibt es außer der Petrochemie im Golf von Gela, in Augusta und in Termini Imerese bei Palermo (Erdölraffinierien, Fabriken für Düngemittel und Phosphate) kaum nennenswerte Industriezweige. Die berühmt-berüchtigten 500 Schwefelgruben, mit denen die Insel im 19. Jh. 85 % des weltweiten (!) Bedarfs gedeckt und damit ein unglaubliches Monopol besessen hatte, sind samt und sonders stillgelegt. Das Aus kam von den USA, als Louisiana um 1880 mit einem neuen Verfahren Schwefel weit billiger und effizienter fördern konnte als der europäische Marktriese.

Tradition wird großgeschrieben

Politik und Verwaltung

1946 erlangte Sizilien den Status einer *Autonomen Region* innerhalb des italienischen Staatsverbandes. Das bedeutet, dass die neun Provinzen mit ihren gleichnamigen Hauptstädten – Palermo, Trapani, Agrigent, Caltanissetta, Enna, Ragusa, Siracusa, Catania, Messina – vom eigenen Parlament mit Sitz in Palermo verwaltet werden.

Geschichte in den Gesichtern

Siziliens Frauen: Hosen gehören zum Alltag

Das Schicksal der jungen Sizilianerin Lara Cardella, die mit ihrem erschütternden Bestseller „Ich wollte Hosen" auch in den deutschsprachigen Ländern Furore machte, besitzt für die Insel keineswegs allgemeine Gültigkeit. Die Erzählung hat das Bild der Frau wieder einmal – wie so oft die Presse, Literatur und Film – verfälscht. Die begabte Jungliteratin nutzte einen – für sie sicherlich schrecklichen – Extremfall, um ein Klischee zu verdichten, mit dem man im Norden immer wieder ungenüsslich auf die Rückständigkeit der Sizilianer hinweisen kann. Wie sieht nun die Realität aus? Die Frau hat auf Sizilien längst die Hosen an und ist insbesondere zu Hause die absolute Herrin. Männer zeigen sich nur noch auf der Piazza oder im Café, wo man(n) vorwiegend unter sich bleibt, von ihrer starken Seite. In einem Land mit einer der niedrigsten Geburtenraten der Welt ist die Frau nicht mehr nur auf Küche und Kinder fixiert. An den sizilianischen Universitäten stellen Studentinnen längst die Mehrheit. Auch wenn ein junges Mädchen nicht eine große berufliche Karriere anstrebt, rangiert die Ausbildung vor der Hochzeit – Unabhängigkeit ist oberstes Gebot. Das blutige Leintuch nach der Hochzeitsnacht gehört jedenfalls endgültig der Vergangenheit an.

Geschichte im Überblick

3. Jh. v. Chr. Einwanderung aus dem östlichen Mittelmeer; Elymer in West-, Sikaner in Ost- und Südsizilien.

Um 1400 v. Chr. Aus Italien kommende Ausonier, Morgeter und Sikuler drängen Sikaner ab.

Um 1100 v. Chr. Gründungen phönizischer Handelsstützpunkte (heute Palermo, Trapani, Mozia).

Ab 734 v. Chr. Griechische Stadtgründungen: Naxos 734, Syrakus 734, Messina 730, Catania 729, Agrigent 582.

480 v. Chr. Schlacht bei Himera: Siziliens Griechen schlagen die Karthager, die Perser werden in der Seeschlacht bei Salamis besiegt.

415–413 v. Chr. Griechen gegen Griechen: Athens Flotte wird von Syrakus vernichtet.

405–367 v. Chr. Mit dem Tyrannen Dionysios I. erringt Syrakus die Vormachtstellung auf Sizilien.

264–241 v. Chr. Erster Punischer Krieg. Niederlage der Karthager, Sizilien wird Roms erste Provinz.

135–131 v. Chr. Erster Sklavenaufstand; Anführer Eunus verschanzt sich in Enna.

104–101 v. Chr. Zweite Rebellion der Sklaven auf Sizilien.

440 Geiserich und seine Vandalen verwüsten Sizilien.

538–827 Byzantinische Provinz.

827–1072 Arabische Herrschaft über Sizilien, Palermo wird 831 Hauptstadt.

1061–1194 Normannen erobern und beherrschen die Insel; Gründung des Königreiches Sizilien.

1194 Heinrich VI. wird erster normannisch-staufischer König Siziliens; die Staufer besitzen die Insel bis 1266 (Tod Manfreds bei Benevent).

1198–1250 Regierungszeit Friedrichs II. 1212 Krönung zum deutschen König und 1220 zum römischen Kaiser.

1266–1282 Grausames Regime der Anjou, beendet durch den blutigen Volksaufstand „Sizilianische Vesper".

1282 Spaniens Haus Aragón übernimmt die Herrschaft.

1442 Alfons V. von Aragón wird als Alfons I. Herr über das Königreich Neapel-Sizilien.

1504 Ferdinand II. von Aragón: Neapel-Sizilien wird der Krone Spaniens zugeschlagen; spanische Vizekönige regieren bis 1713.

1713 Ende des Spanischen Erbfolgekrieges, Sizilien fällt an die Savoyer.

1720–1735 Österreichische Habsburger verwalten die Insel.

1735–1860 Spanische Bourbonen regieren Neapel-Sizilien.

1860/61 Garibaldis Freiheitskämpfer landen bei Marsala. Sizilien wird Teil des Königreiches Italien.

1908 Ein Erdbeben zerstört Messina, mehr als 60 000 Menschen sterben.

1943 Befreiung Siziliens nach der Landung der Alliierten.

1946 Sizilien bekommt den Status einer Autonomen Region.

1970–1980 Das „italienische Wirtschaftswunder" bringt mit etwas Verspätung auch Sizilien Wohlstand.

1999 Auch Sizilien wird von einem Mitte-Links-Bündnis regiert. Im März nimmt Staatspräsident Scalfaro bei Palermo an einer Demonstration von 10 000 vor allem jugendlichen Sizilianern gegen die Mafia teil.

Aus dem Purpurland: Phönizier – Punier – Karthager

Vergangenheit ist auf Sizilien lebendig

Bei Homer findet sich erstmals das Wort *Phoinike* = *Purpurland* für den schmalen Landstrich an der heutigen syrisch-libanesisch-israelischen Mittelmeerküste. Selbst nannten sich die vom Roten Meer im 3. Jt. v. Chr. eingewanderten, semitisch sprechenden Bewohner *Kanaaniter*, die Römer bezeichneten sie als *Punier*. Das kulturell hoch entwickelte Volk gründete ab 1100 v. Chr. zahlreiche Handelskolonien auf Zypern, Malta, Sardinien, Sizilien, in Südspanien und – als mächtigsten Stadtstaat – *Karthago* an der nordafrikanischen Küste.

Naturgewalten zerstören jahrhundertelang Gewachsenes

Ab dem 6. Jh. v. Chr. beherrschten die unermesslich reich gewordenen Karthager das gesamte westliche Mittelmeer und ließen keine fremde Seefahrt mehr zu. Nach mehreren Kriegen gegen die sizilianischen Griechen erklärte schließlich der Senat in Rom die Weltstadt im heutigen Tunesien zum Erzfeind Nummer eins.

In den beiden ersten Punischen Kriegen konnte, trotz der Siege Hamilkars und Hannibals, die militärische Kraft der Karthager gebrochen werden.

Im *Dritten Punischen Krieg* (149 bis 146 v. Chr.) wurde Karthago von den Römern erobert und dem Erdboden gleichgemacht. Jede Erinnerung an dieses Volk sollte ausgelöscht werden und so weiß man tatsächlich wenig über die karthagische Architektur und Religion. Um so kostbarer sind jene Funde, die auf Sizilien vor *Marsala* (punisches Kriegsschiff) und auf der von Karthagern besiedelten Laguneninsel *Mozia* gemacht wurden.

Politischer Ausblick – wohin?

Kultur gestern und heute

Architektur

Die größten, schönsten und am besten erhaltenen *hellenischen Heiligtümer* befinden sich nicht in Griechenland, sondern auf Sizilien. Nur Paestum an der Küste Kampaniens kann mit den großartigen Tempeln von Agrigent, Selinunte und Segesta mithalten. Von unübertroffener Schönheit sind auch die Theater von Syrakus, Taormina und Tindari aus griechischer und römischer Zeit. Das Glanzstück der *Spätantike* wiederum stellt die Villa Romana del Casale mit ihrem Mosaikschmuck aus dem 3./4. Jh. n. Chr. bei Piazza Armerina im Landesinneren dar.

Von der *arabischen Epoche* künden nur noch vereinzelte Monumente aus Stein. Doch nicht nur nahezu jedes von den *Normannen* und später auch von den *Staufern* ausgebaute Kastell trägt die Handschrift der Mohammedaner, auch sämtliche Kirchenbauten des 12. Jhs. entstanden in einer einzigartigen Symbiose zweier Welten im sogenannten arabisch-normannischen Stil. Zu den drei Meisterwerken dieser goldenen Zeit zählen der Dom von Cefalù, die Cappella Palatina im Palast von Palermo und der Dom von Monreale.

Weder die *Gotik* noch die *Renaissance* fassten inselweit Fuß, erst der *Barock* wurde zur dritten prägenden Epoche. Nach dem großen Erdbeben des Jahres 1693, das weite Teile Siziliens in Schutt und Asche legte, erwuchsen ganze Barockstädte wie Catania, Caltagirone, Ragusa, Modica, Noto oder Syrakus. Barockjuwele finden sich aber auch in der von Naturkatastrophen großteils verschonten Hauptstadt. So sehr Sizilien den barocken Überschwang liebte, so wenig konnte es dem dagegen schlichten *Klassizismus* abgewinnen. Erst der *Liberty* genannte *Jugendstil* stieß um 1900 wieder auf begeisterte Aufnahme.

Malerei

Bedeutende Maler brachte Sizilien nur wenige hervor. „Das Licht verbrennt die Farben“, meinte dazu *Renato Guttuso* (1912–1987), der unbestritten wichtigste sizilianische Künstler des 20. Jhs. „Auch ich kann nur fern meiner Heimat arbeiten.“ Ein ganz Großer aber hat es im 15. Jh. dennoch geschafft: *Antonello da Messina* (1430 bis 1479). Einige Werke des von den Flamen beeinflussten Meisters bewahren die Museen von Palermo, Messina, Syrakus und Cefalù.

Antonellos „Bildnis eines Unbekannten“ hat den in Mailand lebenden Sizilianer Vincenzo Consolo zu seinem Roman „Das Lächeln des unbekannten Matrosen“ inspiriert.

Musik

Zwei Sizilianer von Weltrang leisteten ihren Beitrag zur klassischen Musik. Opern, Messen und Oratorien in unglaublicher Anzahl wurden vom Palermitaner *Alessandro Scarlatti* (1666 bis 1725) komponiert. Der im Dom seiner Heimatstadt begrabene Catanese *Vincenzo Bellini* (1801–1835) wiederum errang in erster Linie durch seine Opernwerke „Norma“, „I Puritani“ und „Il Pirata“ internationalen Ruhm.

Literatur

Ein Literatur-Nobelpreisträger mag Zufall sein, doch gleich zwei in einem so kleinen Land – dahinter muss doch wohl mehr stecken. Im Jahre 1934 holte der Agrigentiner *Luigi Pirandello* (1867 bis 1936) die begehrte Trophäe heim, 1959 erhielt der in Modica geborene Lyriker *Salvatore Quasimodo* (1901–1968) den

Preis. Die Literatur wortgewaltiger Sizilianer unserer Tage ist mit den beiden noch lange nicht erschöpft: Giovanni Verga (1840–1922) aus Catania, Vitaliano Brancati (1907–1954) aus Pachino, Elio Vittorini (1908–1968) aus Syrakus oder Leonardo Sciascia (1921 bis 1989) aus Racalmuto brachten es mit ihren Büchern zu Millionenauflagen.

Die Spitze des Weltruhms aber hat ein Mann mit nur einem einzigen Buch erklommen: *Giuseppe Tomasi di Lampedusa.* Sein genial von Lucchino Visconti mit Burt Lancaster verfilmter Roman „Il Gattopardo" („Der Leopard") zählt zum Großartigsten, was je in und über Sizilien geschrieben worden ist.

Mit dem Leid können sich die Sizilianer identifizieren

Feste und Veranstaltungen

Januar: Mit einer Prozession begeht man im Bergort *Piana degli Albanesi* das Dreikönigsfest am 6. Januar.

Februar: Karnevalsumzüge in ganz Sizilien, wobei die Veranstaltungen in *Acireale, Sciacca* und *Taormina* besonders sehenswert sind. *Catania* begeht vom 3. bis 5. Februar das Fest seiner Schutzpatronin Agata mit der Prozession der *Cannalori* (meterhohe geschnitzte Holzkerzen). In der ersten Februarhälfte feiert *Agrigent* eine Woche lang die *Sagra del mandorlo in fiore* (Mandelblütenfest) mit Folklore-Darbietungen aus aller Welt.

März/April: Gründonnerstags- und Karfreitags-Prozessionen auf ganz Sizilien. Von Ende April bis Ende Mai zu verschiedenen Terminen veranstaltet *Taormina* als Spektakel für Touristen Umzüge der alten, bemalten Pferdekarren.

Mai/Juni: Hochsaison der Ortsheiligen-Feste mit Umzügen, Musikkapellen und Feuerwerk.

Juli: Vom 11. bis 15. Juli Fest für *Palermos* Stadtpatronin Rosalia mit beeindruckenden Prozessionen. Ferner finden am 15. Juli diverse Erntedankfeste, u. a. in *Agrigent* und *Santa Ninfa* bei Trapani statt.

August: Blumenfest in *Trapani* und *Erice* vom 10. bis 15. August. Große Regatten vom 10. bis 12. vor *Marsala, Syrakus* und *Catania. Messina* feiert am 14./15. zu Mariä Himmelfahrt die Muttergottes besonders spektakulär mit einem Triumphwagen der Hl. Jungfrau, der von den *Giganti* (zwei je 9 m hohe Holzfiguren) begleitet wird.

Ebenfalls zur Monatsmitte findet der *Palio dei Normanni* (Normannenzug) in *Piazza Armerina* statt. *Festival Taormina Arte* (Konzerte und Opernaufführungen im Antiken Theater bis Sept.).

September: Pilgerprozession zur Rosaliengrotte am Monte Pellegrino von *Palermo* am 3. und 4. September. Fest der Schwarzen Madonna von *Tindari* und der Maria von *Gibilmanna* am 8. und 9. September.

Dezember: Vom 13. bis 20. Dezember gedenkt *Syrakus* seiner Stadtpatronin. Weihnachten, ein Freudenfest mit Prozessionen und Wintersonnwendfeuern vor vielen Kirchen.

Essen und Trinken

Küche voll Phantasie

Zuerst einmal die gute Nachricht: die sizilianische Küche beinhaltet so gut wie alle Köstlichkeiten, mit denen die italienische aufwarten kann – und noch ein bisschen mehr. Dann die schlechte: Nirgendwo isst man so schlecht und teuer wie im Umfeld der touristischen Hochburg Taormina. Rühmliche Ausnahmen gibt es freilich auch hier, doch vor allem um Lokale mit dem bekannten Schild *Menu turistico* oder gar der Verheißung von *Wurstel con Krauti* sollten nicht nur Gourmets einen großen Bogen machen.

Jetzt aber auf zu einem kurzen kulinarischen Streifzug, bei dem man Olivenöl nicht scheuen und Meeresgetier mögen sollte.

Schwertfisch (pesce spada) gilt als Spezialität Ostsiziliens. Ob als Scheibe gegrillt, als *involtini* (kleine Rouladen, die es auch aus Kalb- oder Rindfleisch gibt) gefüllt und gerollt oder gar geräuchert und hauchdünn als *carpaccio* mit einigen Tropfen Öl erster Pressung *(olio extra vergine)* serviert, gekonnt zubereitet ist's ein Festmahl. *Sarde a beccafico* – mit Pinienkernen, Rosinen und allerlei Kräutern gefüllte und gebackene Sardinen – gelten als typisches Gericht aus Palermo, das jedoch längst seinen Siegeszug rund um die Insel angetreten hat.

Mit gemischten Fischplatten und gegrillten oder fritierten Meeresfrüchten macht man an allen Küsten in der Regel gute Erfahrungen, desgleichen mit sämtlichen Nudelgerichten – sei es mit den einfachsten, bloß mit Tomaten und Olivenöl, sei es mit typisch sizilianischen wie der *pasta con le sarde* (Nudeln mit einer Sauce aus Sardinen, wildem Fenchel, Rosinen, Pinienkernen und Safran).

Vegetarier und alle, die Gemüse gerne auch einmal als Hauptgericht mögen, finden in der typischen Hausmannskost der Sizilianer ebenfalls ein wahres Schlaraffenland vor. Der Not jahrhundertelanger Armut gehorchend ersann man die raffiniertesten Zubereitungsarten. Je nach Saison gelangt von Artischocken bis zu Zucchini jegliches Grünzeug in die Kochtöpfe. Besonders schmackhaft ist die Vorspeise *caponata*, Auberginen in einer scharfen Sauce aus Tomaten, Sellerie, Kapern, Essig, Oliven und Sardellen.

Tipp: Für Kochkurse pilgern Kenner nach **Gangivecchio,** das versteckt in den Madonienbergen liegt (90024 Gangi, ☎ 09 21 68 91 91). Giovanna Tornabene deckt manches Geheimnis der sizilianischen Küche auf.

Apropos: Nicht zuletzt dank der modernen Kühltechniken hat auch der Süden seine Fleischeslust entdeckt. Nur selten noch kommt ein fetter Hammel auf den Tisch, dafür kann der Gusto nach einem saftigen Steak oder gar einem zarten Braten heute nahezu überall gestillt werden. Beliebt sind auch die *involtini alla Siciliana*, Kalbfleischrouladen, die mit Lorbeerblättern, Pinienkernen, Schinken, gerösteten Semmelbröseln und Käse gefüllt werden. *Scaloppine*, kleine Kalbsschnitzel, werden auf Sizilien oftmals mit Speck und

Couscous

Der von Afrikas Küsten importierte Eintopf mit Fisch, Gemüse und Grieß schmeckt nirgendwo so köstlich wie in seiner westsizilianischen Wahlheimat Trapani und Agrigent. Denn nur dort fängt man auch die entsprechenden Klippfische, die der Sauce erst den richtigen Geschmack verleihen.

Knoblauch sowie einem Glas Marsalawein abgeschmeckt.

Die Verführungen, die in jeder noch so bescheidenen Konditorei warten, sind genauso köstlich und kalorienhaltig wie sie aussehen. Seit der Orient die Sinne Siziliens für süße Herrlichkeiten schärfte, weiß man hierzulande mit Honig, Mandeln, Pistazien, Pinienkernen, Nüssen und Sesam umzugehen. Einige dieser Zutaten haben aber auch den Weg in die herzhaften Kochtöpfe der Insel gefunden.

Frischer Fisch ist wesentlicher Bestandteil der Inselküche

Weine für Kenner und Genießer

Keineswegs süß und schwer hingegen sind im allgemeinen die Inselweine. Im Gegensatz zu seinem Ruf kann selbst der berühmte *Marsala* trocken und herb munden wie der köstlichste Sherry; man muss ihn nur *secco* und nicht *dolce* bestellen. Natürlich gibt es sie, die samtigen, promilleträchtigen Tropfen, doch die üblichen Tischweine entpuppen sich als leicht und süffig. Unter den sizilianischen Weinen zählt wohl der *Corvo* aus Palermo zu den bekanntesten, doch auch der *Regaliali,* der *Donnafugata* und der *Rapitala* (originellerweise bedeutet das auf arabisch „gesegnet von Allah") haben sich mittlerweile international einen Namen gemacht. Mit den erdig-herben *Ätna-Weinen* werden auch Kenner ihre Freude haben.

Fruchtiger Wein – Sizilianer mögen's lieber herb und trocken

Süß hingegen ist der *Mandelwein,* mit dem Naschkatzen im Raum Taormina – und hier vor allem im malerischen Castelmola – verführt werden. Wie die *paste di mandorla* – keine Teigwaren, sondern mürbe Mandelplätzchen – oder *latte di mandorla* – erfrischende Mandelmilch – zergeht auch das bei deutschen Urlaubern besonders beliebte Getränk förmlich auf der Zunge.

Für ein Mahl nimmt man sich immer viel Zeit

Urlaub aktiv

Zwar rangieren Besichtigungstouren zu den steinernen Zeugen der Vergangenheit und Ausflüge auf den Ätna nach wie vor an erster Stelle des Angebots, doch finden auch sportlich Aktive eine Reihe attraktiver Möglichkeiten. In vielen Orten gibt es **Reitschulen** und **Tennisplätze,** engagierte Hoteliers wie beispielsweise der Chef der *Pensione Peppe* in Letojanni veranstalten **Jachtausflüge** direkt vom Hotelstrand aus oder bieten geführte **Wanderungen** mit einem Besuch im hauseigenen Zitronen- oder Orangengarten in der näheren Umgebung an.

Golf

1994 wurde *Il Piccolo Golf Club,* eine 18-Loch-Anlage bei Castiglione di Sicilia (30 Autominuten von Taormina entfernt), eröffnet: 95012 Castiglione di Sicilia (CT), ☎ 09 42 98 62 52.

Segeln

Eine Jachtcharter-Basis unter deutscher Leitung bietet in Palermo begleitete *Segeltörns* zu den Taucherparadiesen Ustica oder den Liparischen Inseln, aber auch Boote von 28 bis 46 Fuß Länge ohne Skipper für Segelpatent-Inhaber an.

Nixe-Yachting, M. v. Fischer, 90141 Palermo, Via Catania 146, ☎ 09 16 25 79 90.

Wandern

Sizilien ist ein Wanderparadies. In den großen Naturparks Ätna, Nebrodi und Madonie sind Wanderwege eingerichtet worden. Gut beschilderte Wege gibt es auch auf den Ägadischen und Liparischen Inseln sowie im ersten sizilianischen Naturschutzgebiet, dem *Parco dello Zingaro.* Geführte Wanderungen organisieren die örtlichen Sektionen des Club Alpino Italiano (C. A. I.).

Sorgfältig beschriebene Touren in den erwähnten Gebieten finden sich in den Büchern von *Peter Amann:* „Wanderungen auf Sizilien. Mit Liparischen und Ägadischen Inseln" und „Liparische Inseln – Wanderführer".

Skifahren

Nicht selten sind in milden Wintern die Hänge in den klassischen Wintersportorten Mitteleuropas schneefrei, auf dem *Ätna* aber liegt Schnee in Hülle und Fülle. Kilometerlange Abfahrten darf man aber trotz vieler *Schlepplifte* und *Skischulen* auf den exzellent präparierten Pisten nicht erwarten. Dafür gibt es *Langlaufloipen* sogar in Höhen zwischen 1900 und 2800 m. Die Freunde des weißen Sports tummeln sich zwischen Dezember und März meist auf der schneesichereren Nordseite des Vulkans, aber auch auf der sonnigen Südseite lässt es sich genussvoll über die bisweilen von Aschenausbrüchen schwarzen Pisten schwingen. Skischulen bieten ebenso ihre Dienste an wie Verleiher von Skiern und Skischuhen.

Radtouren

Einige Hoteliers engagieren sich für den Fahrradtourismus und bieten Gästen Fahrräder, Mountainbikes sowie ausgearbeitete Tourenvorschläge an.

Hotel Tre Torri, Franco Saputo, 92100 Agrigento, Villagio Mosè, ☎ 09 22 60 67 33, Fax 09 22 60 78 39. **Pensione Tranchina,** Salvatore Tranchina, 91010 Scopello, Via A. Diaz 7, ☎ Fax 09 24 54 10 99. **Hotel Kalura,** Gerrit Curcio, 90015 Cefalù, Loc. Caldura, Via V. Cavallaro 13, ☎ 09 21 42 13 54, Fax 09 21 42 31 22. **Villa Schuler,** Gerardo Schuler, 98039 Taormina, Piazzetta Bastione 16, ☎ 094 22 38 41, Fax 094 22 35 22.

Unterkunft

Reine Hotelghettos finden sich glücklicherweise äußerst selten. Lediglich ein touristisches Ballungszentrum wie beispielsweise das Taormina zu Füßen liegende Städtchen *Giardini Naxos* besitzt in seinem Ortsteil *Recanati* ein Hotelviertel, das jedoch wohltuend durch Kaffeehäuser, Eisdielen und Boutiquen aufgelockert und als verkehrsberuhigte Flaniermeile gestaltet ist.

Ausgesprochene **Luxusherbergen** konzentrieren sich ebenfalls auf Städte mit langer Fremdenverkehrstradition wie Taormina, aber auch Syrakus oder Mondello bei Palermo. Generell kann man überall, in allen Preisklassen und ohne langfristige Vorbestellungen in **Hotels, Pensionen, Privatzimmern, Ferienklubs** oder auf **Campingplätzen** übernachten, es sei denn in der Hauptsaison: rund um Ostern sowie im August ist weder mit viel Geld noch ebensolchen Worten ein Bett zu haben.

Tipp Ein unverfälschtes Sizilien kann man in den **Agriturismo-Landgasthäusern** erleben. Halbpension empfiehlt sich hier immer! Infos im Internet: http://www.raisi.it/villglob/

Die meisten Hotels bieten auch Übernachtungen *ohne* Frühstück an; um die Hälfte der Kosten eines Hotelfrühstücks wird man weit besser in der nächstbesten Bar bedient. Zwar gibt es oft Frühstücksbuffets, doch halten diese nur selten, was man sich davon verspricht. Einheimische frühstücken einen *cappuccino* (Kaffee mit aufgeschäumter Milch), einen *caffè latte* (Milchkaffee) oder einen *caffè* (Espresso), dazu ein noch ofenwarmes *cornetto* (Hörnchen). Ein typisch sizilianisches Sommerfrühstück ersetzt das heiße Getränk durch eine *granità* – Halbgefrorenes aus Kaffee, Zitronen, Mandeln etc.

Wanderer erleben grandiose Sizilien-Bilder

Schmucke Jachten im Hafen Palermos

Heiße Schwefelbäder für die Seele

Reisewege und Verkehrsmittel

Anreise

Mit dem Auto

Ab Salerno ist die Autobahn Richtung Süden mautfrei, in Sizilien selbst wird auf den Strecken Catania–Palermo und Palermo–Mazara del Vallo bzw. Trapani keine Gebühr verlangt, alle anderen Autobahnabschnitte sind mautpflichtig.

Die Gesellschaften *Tirrenia* oder *Grandi Navi Veloci* setzen täglich auf die Insel über: Neapel–Palermo in 9,15 Std.; Genua–Palermo in 22 Std.; dreimal wöchentlich Livorno–Palermo in 18 Std.; einmal wöchentlich Neapel–Catania/Syrakus in 15 bzw. 19 Std. Die Linie *Siremar* bietet zweimal wöchentlich Neapel–Äolische Inseln–Milazzo in 17,45 Std. an.

Unentwegt verkehren **Fähren** zwischen dem italienischen Festland und Sizilien: 30 Minuten Fahrzeit von Villa San Giovanni (Kalabrien) nach Messina, 50 Minuten von Reggio di Calabria nach Messina.

Mit dem Flugzeug

Per Linie werden von der Alitalia Palermo und Catania, mit Umsteigen in Mailand bzw. Rom, täglich angeflogen. Die Lufthansa bietet viermal pro Woche Direktflüge nach Catania an. Ab der Karwoche bis Mitte Oktober können Palermo und Catania von Deutschland, Österreich und der Schweiz auch per Charter erreicht werden, neuerdings Catania auch im Winterhalbjahr.

Mit der Bahn

Schnellzüge von Rom nach Palermo (11,50 Std.) und von Rom nach Catania (10 Std.). Bei der Überquerung der Meerenge kann man in seinem Abteil bleiben. Zusätzlich werden von Triest, Venedig, Mailand, Turin, Genua und Rom direkte Schlaf- und Liegewagen nach Palermo, Catania, Syrakus und Agrigent geführt.

Mit dem Bus

Abgesehen von Bus-Pauschalreisen fährt ein italienischer Linienbus täglich von Rom nach Sizilien (10 Std.).

Deutsche Touring GmbH,
Am Römerhof 17, 60486
Frankfurt/M., ☎ 069/7 90 30.

Auf Sizilien

Mit dem Auto

Die Zeiten, in denen Verkehrssünder meist ungestraft davonkamen, sind auch in Italien längst vorbei. Autoraser werden mit hohen Strafen belegt und Strafanzeigen mit Radarfotos sogar an die Polizeistationen des jeweiligen Heimatlandes weitergeleitet. Die **Tempolimits:** im Ortsgebiet 50, auf Staats-, Regional- und Gemeindestraßen 90, auf Schnellstraßen 110, auf Autobahnen 130 km/h. Teuer zu stehen kommt auch das Nichteinhalten von Halte- und Parkverboten, denn es wird unbarmherzig abgeschleppt und bestraft.

Bleifreies Benzin ist überall erhältlich, sogar auf den kleinen Inseln. **Pannenhilfe** gibt es beim Automobile Club d'Italia (ACI) italienweit unter ☎ 116, bei einem Unfall ist die **Straßenpolizei** unter ☎ 112 erreichbar.

Bei den eher teuren **Leihwagen** sollte man nicht nur aus Kostengründen die kleinstmögliche Kategorie wählen. Spätestens in den engen Straßen des ersten Bergstädtchens wird man für ein wendiges Auto dankbar sein.

Mit Bahn und Bus: Man kommt mit öffentlichen Verkehrsmitteln überall hin – es ist nur eine Frage der Zeit.

Hafenstadt Messina

FERROVIE STATO
AZIONE CONTRO GLI INFORTUNI SUL

** Palermo

Goldmuschel mit Patina

Die Insel-Metropole Palermo war im Gegensatz zu allen anderen bedeutenden Ansiedlungen keine hellenische, sondern eine phönizische Gründung. Bis zum heutigen Tag fehlt der heute etwa eine Million Einwohner zählenden Hauptstadt Siziliens jene spielerische Heiterkeit, die als Erbe der antiken Griechen noch immer in Catania, Syrakus oder Agrigent, ja sogar im schwer geprüften Messina spürbar geblieben ist. Mit feierlichem Ernst begrüßt Palermo seine Besucher, daran konnten weder die schäbigen Hochhäuser noch die zu Slums verkommenen alten Viertel im Zentrum etwas ändern. Wie eine von der Bühne abgetretene Primadonna schmückt es sich noch immer stolz mit dem Beinamen Conca d'Oro – auch wenn längst Patina den Glanz der „Goldenen Muschel" trübt.

Geschichte

Ziz – „Blume" – nannten die Phönizier im 8. Jh. v. Chr. ihre Handelsniederlassung an der Nordküste Siziliens, *Panormos* – „All-Hafen" – tauften die Griechen jene Karthagerstadt um, die sie 300 Jahre später mehrmals vergeblich belagerten. Erst den Römern gelang es Mitte des 3. Jhs. v. Chr., *Panormos* endgültig zu erobern. Doch selbst unter römischer Herrschaft blieb die Stadt, was sie seit Anbeginn gewesen war: ein kosmopolitischer Hafen, in dem man neben Punisch und Griechisch nun eben auch Lateinisch sprach, ein Völkergemisch, dem Handel mehr galt als kriegerischer Ruhm. Harte Zeiten brachen erst nach dem Niedergang des Römischen Reiches an: Panormos wurde zur leichten Beute für Geiserich und seine Vandalen, Odoaker und Theoderich sowie den Byzantiner Belisar im 6. Jh. n. Chr.

Zu wahrer Blüte brachte es die „Blume aus Afrika" 300 Jahre später, als die Araber Sizilien einnahmen und in einen einzigen fruchtbaren Garten verwandelten. Erst sie schufen die „Goldene Muschel", in der bald abertausende Orangenbäume wuchsen, erst die islamischen Architekten verwandelten die Hafenstadt in ein Märchen aus Tausendundeiner Nacht.

Verzaubert von diesem Paradies auf Erden standen 1072 die Normannen im arabischen *Balerm* – und vergaßen, dass sie nach Erobererart erst einmal alles kurz und klein schlagen sollten. Statt blindlings zu zerstören, versanken die rauhen Gesellen aus dem Norden in restlose Bewunderung für eine ihnen haushoch überlegene Kultur.

Kaum ein Jahrhundert dauerte diese Sternstunde der Menschheit, in der einzigartige Bauwerke wie die *Cappella Palatina* oder der *Dom von Monreale* in arabisch-normannischem Stil entstanden. Noch eine kurze Atempause gewährte das Schicksal, als der Staufer Friedrich II. die deutsche Kaiserkrone übernahm. Zum letzten Mal zeigten sich die Lustschlösser und Moscheen in all ihrer orientalischen Pracht, bevor sie auf Befehl des Papstes für immer in Schutt und Asche sanken. Als das Haus Aragón an die Macht kam, war die goldene Zeit von Palermo bloß noch ein flüchtiger Traum.

Nach den Aragonesen, die Sizilien bald der spanischen Krone zuschlugen, brach die lange Epoche der Vizekönige an: bourbonisch-spanische, piemontesische, spanisch-habsburgische, österreichisch-habsburgische und bourbonisch-neapolitanische Könige wechselten einander ab. Palermo musste dabei seine Rolle als Hauptstadt des „Königreiches beider Sizilien" an Neapel abtreten: ein Macht- und Prestigeverlust für die Stadt, der bis heute noch nicht ganz verwunden ist.

Besichtigung für Kurzbesucher

Nur wenige Sizilienreisende veranschlagen für einen Aufenthalt in Palermo mehr als einen oder maximal zwei Tage, wobei dann meist auch noch *** **Monreale, Mondello** (s. S. 66, 68) oder gar der * **Monte Pellegrino** (s. S. 32) auf dem Programm stehen. Für all jene ist die „Besichtigung für Kurzbesucher“ gedacht, die näheren Informationen finden sich in den daran anschließenden drei Rundgängen.

Als Ausgangspunkt sollte man die Piazza Politeama mit dem gleichnamigen Theater wählen, um auch einen Eindruck von der Stadtkultur des 19. Jhs. mitzunehmen; weiter zur Piazza Verdi mit dem **Teatro Massimo** ⓮; und gleich anschließend ins *** **Ar-**

1. I Quattro Canti
2. Kathedrale
3. Normannenpalast
4. Porta Nuova
5. Sant Giovanni d. Eremiti
6. Cuba
7. Convento d. Cappuccini
8. Fontana Pretoria
9. Sant Catarina
10. La Martorana
11. Friedhof Sant'Orsola
12. Carmine
13. Il Gesù
14. Teatro Massimo
15. Teatro Politeama
16. Archäologisches Museum
17. Sant Domenico
18. Vucciria
19. Porta Felice
20. Botanischer Garten
21. Palazzo Chiaramonte

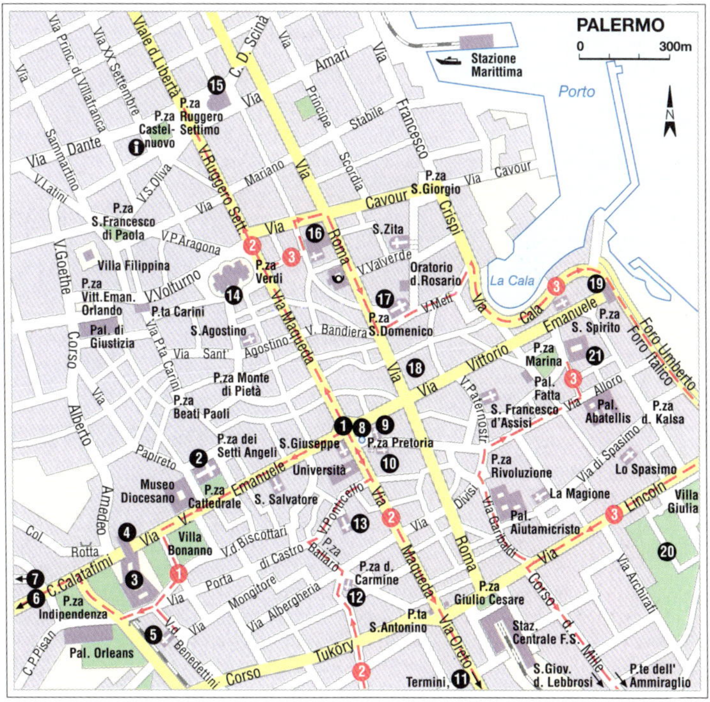

chäologische Museum ⓰; dann die Via Maqueda entlang bis zu ***I Quattro Canti*** ❶ und auf der Via Vittorio Emanuele zur ***Kathedrale*** ❷, zum ****Normannenpalast*** ❸ mit der *****Cappella Palatina*** und zur ehemaligen Kirche ****San Giovanni degli Eremiti*** ❺; anschließend zurück zur Via Maqueda und von dort zu den Kirchen ****San Cataldo*** und ****La Martorana*** ❿; von den Quattro Canti geht es über den Corso (Via V. Emanuele) Richtung Meer zur ***Porta Felice*** ⓳ am alten Hafen **La Cala.**

Weg 1: Auf den Spuren der Normannenkönige

*I Quattro Canti ❶

„Die vier Ecken“ heißt das Straßenkreuz im Herzen Palermos, das die Behörden als *Piazza Vigliena* bezeichnen, nach dem spanische Vizekönig, dem der barocke Platz mit seinen hübschen Brunnen und Statuen sein heutiges Aussehen verdankt. Vigliena setzte zu Beginn des 17. Jhs. nämlich fort, was sein Vorgänger Maqueda begonnen hatte: aus dem unübersichtlichen mittelalterlichen Gassengewirr Schneisen herauszuschlagen, um Licht und Luft in das allmählich an sich selbst erstickende Zentrum zu bringen. Bis zu diesem Zeitpunkt führte nämlich bloß eine einzige breite Straße, der *Cassaro* (offiziell heute Via Vittorio Emanuele II), durch Palermo. Der Vizekönig kreuzte den West-Ost-Weg vom ****Normannenpalast*** ❸ zur *Cala* (Hafen) im rechten Winkel und schuf mit der Nord-Süd-Achse Via Maqueda ein übersichtlich gegliedertes Koordinatensystem.

*Die Kathedrale ❷

Der westliche Teil des Cassaro (arabisch: Palastweg) führt vorerst zur *Piazza Cattedrale* mit der 1185 begonnenen Kathedrale. An die Normannenzeit erinnern noch die drei Apsiden (Bogendekor). Die Fassade mit dem gotischen Portal stammt aus dem 14./15. Jh., den Eingang an der dem Platz zugewandten Seite schmückt ein Renaissanceportikus. Unglückseligerweise wurde der mittelalterlichen Basilika im Rahmen eines radikalen Umbaus im späten 18. Jh. eine klassizistische Kuppel übergestülpt.

Der Domfassade gegenüber und mit einem Rundbogen verbunden steht der **Erzbischöfliche Palast** mit einem recht hübschen Diözesanmuseum.

Palermo hat nach über 800 Jahren wieder eine Moschee und gleich daneben lockt mit nordafrikanischen Spezialitäten, Minztee und Bauchtanz das **Caffè d'Oriente,** Piazza Gran Cancellieri 8 (zwischen Quattro Canti und der Kathedrale).

**Der Normannenpalast ❸

Der Normannenpalast gilt seit bald einem Jahrtausend auf der höchsten Stelle des mittelalterlichen Palermo als politisches Machtzentrum der Insel. Noch heute tagt hier das sizilianische Regionalparlament. Von den Umbauten des frühen 17. Jhs. unberührt blieben lediglich die ***Stanza di Ruggero,*** das mosaikgeschmückte Zimmer Rogers sowie die nur mit Superlativen zu

Die ** Kaisergräber

Hauptanziehungspunkt der Kathedrale sind die Kaisergräber. In der ersten Seitenkapelle rechts vom Haupteingang ruhen in kostbaren Porphyrsarkophagen die Kaiser Friedrich II. und sein Vater Heinrich VI. von Hohenstaufen (1. Reihe), dahinter der Normannenkönig Roger II. und seine Tochter Konstanze (Ehefrau Heinrichs VI. und Mutter Friedrichs II.). An der rechten Seitenwand wurde in einem antiken Sarkophag (3. Jh. n. Chr.) Konstanze von Aragón bestattet.

beschreibende, zwischen 1130 und 1140 errichtete Palastkapelle *** **Cappella Palatina.** Nur den hässlichen Mosaikschmuck, mit dem das 19. Jh. die schlichte romanische Fassade verunstaltet hat, sollte man übersehen. In der dreischiffigen Basilika mit drei Apsiden verschmolzen antike, arabische, byzantinische und romanische Stilelemente zu einem weltweit einzigartigen Gesamtkunstwerk. Den Fußboden ziert arabisch-römische Steineinlegearbeit, Marmor verkleidet im unteren Teil die Wände der Seitenschiffe, Mosaike im oberen. Eine Kostbarkeit für sich ist die stalaktitenartige Holzdecke des Mittelschiffes, die in hunderten von bemalten Schnitzbildern Alltagsszenen aus dem Orient zeigt (🕓 Mo–Fr 9–12 und 15–17 Uhr, Sa 9–12 Uhr, So/Fei 9–10 und 12–13 Uhr; Ostermontag, 25. April, 1. Mai und 16. Dez. geschl.).

Palermos Hafen – der Weg in die Welt

Grazile Baukunst: die Kathedrale von Palermo

Porta Nuova ❹ und ** San Giovanni degli Eremiti ❺

Nach einem Blick auf das Triumphtor für Karl V., die *Porta Nuova*, die 1583 zur Erinnerung an den erfolgreichen Kriegszug des Kaisers gegen das Piratenunwesen im Mittelmeer (1535) errichtet wurde und deren Gebälk die besiegten Mauren tragen, führt der Weg zu den rosaroten Kuppeln von

San Giovanni degli Eremiti. Das Bauwerk ist eines der schönsten der Normannen, von Roger II. 1132 als erstes römisch-katholisches Kloster im Stil einer Moschee errichtet und nicht, wie vielfach fälschlich angegeben, ein christianisiertes islamisches Gotteshaus. Es fanden bloß einige Überreste einer Moschee, die ihrerseits auf den Fundamenten einer frühchristlichen Basilika errichtet worden war, beim Bau Verwendung. Besonders stimmungsvoll ist der kleine *Kreuzgang* mit seinem arabischen Brunnen.

Atlanten tragen schwer an dem Schmuck der Kuppel

Am Corso Calatafimi

Ab der *Piazza Indipendenza* mit dem von einem prachtvollen Park umgebenen **Palazzo Orléans** nennt sich der Corso Vittorio Emanuele nun Corso Calatafimi und führt schnurgerade bis zur Höhenstraße nach Monreale. An seiner linken Seite kommt etwa 1 km nach dem Normannenpalast ein im arabischen Stil 1180 errichtetes Jagdschloss des Normannenkönigs Wilhelm des Guten in Sicht, der geometrische Baublock der ***Cuba** ❻.

*Convento dei Cappuccini ❼

Vom Corso Calatafimi biegt nun nach rechts die *Via Pindemonte* zur wohl makabersten Sehenswürdigkeit der Stadt ab. Vom 16. bis zum Ende des 19. Jhs. wurden in diesem Kapuzinerkloster die Leichen der Mönche sowie der vornehmsten Palermitaner mumifiziert, anschließend eingekleidet und in den unterirdischen Gewölben in offene Nischen gestellt oder gelegt. Rund 8000 mehr oder minder gut erhaltene Mumien, geordnet nach Männern, Frauen und Kindern, bilden ein einziges Memento mori, ein Gänsehaut erzeugendes Mahnmal des Todes an die Lebenden (🕓 tgl. 9–12 und 15–17 Uhr, freier Eintritt, aber Spende wird energisch eingefordert).

Die Cuba

Der Name des einstmals auf einer Insel in einem künstlichen Teich platzierten Palastes, dessen Schönheit sogar Boccaccio in seinem „Decamerone" erwähnt hat, leitet sich von Alcuba (Gewölbe) – ab. Im 16. Jh. diente das Lustschloss als Lazarett, bis die Bourbonen es schließlich in eine Kaserne verwandelten. Heute stehen die restaurierten Reste des Palastes den Besuchern wieder offen.

Weg 2: Von den Quattro Canti nach Süden und nach Norden

Barocke Prachtentfaltung zeigt sich zwar auf Schritt und Tritt, eine Auswahl der schönsten Beispiele sieht man aber südlich der Piazza Vigliena. Unmittelbar hinter der „vierten Ecke" der ***Quattro Canti** ❶ öffnet sich die Via Maqueda zur *Piazza Pretoria* (Gerichtsplatz) mit einem manieristischen, von nackten heidnischen Gottheiten bevölkerten Brunnen, der ***Fontana Pretoria** ❽, die 1573 von Florenz nach Palermo gebracht wurde.

Piazza Bellini

Hinter dem *Palazzo Senatorio*, dem Rathaus wartet die Piazza Bellini mit gleich drei Kirchen auf, und zwar der barocken ***Chiesa Santa Catarina** ❾, die im Zweiten Weltkrieg schwer beschädigt wurde, sowie der Marienkirche ****La Martorana** ❿, auch **Santa Maria dell'Ammiraglio** (Admiralskirche) genannt. Mehrmals umgebaut, zuletzt im 16. Jh., zählt das von Georg von Antiochia, dem Admiral Rogers II., 1143 errichtete und mit Goldmosaiken geschmückte Gotteshaus dennoch zu den wertvollsten Relikten der normannischen Epoche.

Unmittelbar daneben ragt die Kirche ****San Cataldo** empor, im 12. Jh. im arabisch-normannischen Stil errichtet. Sie ist heute im Besitz des Ordens der Ritter des Hl. Grabes (Wappen am Tor und im Fenster über dem Altar).

*Chiesa Santo Spirtito

Folgt man der Via Maqueda bzw. der *Via Oreto*, hinter der sich im Osten Adelspaläste aus der Bourbonenzeit sowie einige Barockkirchen verbergen, bis zur Porta Sant'Antonio und biegt rechter Hand in die Via del Vespro ab, erreicht man schließlich den **Friedhof Sant'Orsola** ⓫ mit der 1178 errichteten

Chiesa Santo Spirito – besser bekannt als **Chiesa del Vespro.** An dieser Stelle nahm am Ostermontag des Jahres 1282 jener Volksaufstand gegen das grausame Regime der Anjou seinen Ausgang, der als „Sizilianische Vesper" in die Geschichte eingehen sollte.

Stelldichein der Götter auf der Piazza Pretoria

Chiesa Carmine ⓬ und *Il Gesù ⓭

Die aus dem 17. Jh. stammende *Chiesa Carmine* liegt im Gassengewirr des ehemaligen arabischen Handwerkerviertels und bewahrt die Statuen der Bildhauerfamilie Gagini. Lohnend ist auch ein Blick auf die Jesuitenkirche *Il Gesù*, auch *Casa Professa* genannt (1564–1633), bevor man in den nördlichen Abschnitt der *Via Maqueda* eintaucht.

Goldmosaik der Krönung Rogers II.

Die **Via Maqueda** bildet mit ihrer Fortsetzung als **Via Ruggero Settimo** den elegantesten Einkaufsboulevard der Stadt: hier gilt es, Brieftaschen im doppelten Sinn festzuhalten, denn neben den obligaten Straßendieben lauert die Verführung zum Geldausgeben in unzähligen Nobelboutiquen und Juwelierläden.

Nördlich der Quattro Canti

Auf der *Piazza Verdi* erstrahlt das **Teatro Massimo** ⓮ in neuem Glanz. Am 16. Mai 1997 zu seinem hundertjährigen Bestehen wurde das einst nach der Mailänder Scala bedeutendste Opernhaus Italiens feierlich wieder eröffnet. Nach einer provisorischen Schließung 1974 „für einige Monate" blieb das Massimo 23 lange Jahre geschlossen, ein Mahnmal der Korruption und Mafiaherrschaft. Heute symbolisiert es die politische und kulturelle Auferstehung Palermos.

Tipp Im Volksspektakel der **Opera dei Pupi** lässt Mimmo Cuticchio, der berühmte palermitanische Puppenspieler, die Ritter tanzen (Via Bara all'Olivella 95, ☎ 091 32 34 00).

Die Via Ruggero Settimo führt jetzt zu einem Doppelplatz *Piazza Castelnuovo* und *Piazza Politeama*. Das auch **Garibaldi-Theater** genannte **Teatro Politeama** ⑮ diente über Jahrzehnte als Ersatzbühne für das Teatro Massimo.

Tipp Wer Palermitaner Jugendstil – **Liberty** – sucht, findet ihn vor allem noch in diesem hellen, freundlichen Stadtviertel Richtung Norden.

Weg 3: Zwischen Piazza Verdi und La Cala

*** Archäologisches Museum ⑯

Ohne einen Besuch des Archäologischen Museums (Museo Regionale Archeologico) bleibt ein Palermo-Besuch unvollständig. Aufgrund der Öffnungszeiten (tgl. 9–13.30 und 15 bis 18.30 Uhr, So/Fei 9–13 Uhr) sollte der erste Weg auf die *Piazza Olivella* gegenüber der Piazza Verdi führen. Das Museum ist so interessant, dass man dafür mindestens einen halben Tag reservieren muss. Der Museumsbesuch sollte möglichst am Ende einer Sizilien-Rundreise stehen.

Wunderschöne Architekturmodelle der schönsten Bauten Palermos aus Terrakotta finden Sie bei **Le Cittacotte di Vizzari** am Corso Vittorio Emanuele 120.

Museo Archeologico

Die umfangreiche archäologische Sammlung ist im ehemaligen Kloster S. Philippo Neri aus dem 16. Jh. stilvoll untergebracht. Zu den bedeutendsten Exponaten zählen der **Tympanonschmuck** des ältesten Tempels von Selinunte (570/560 v. Chr.), der ** **Löwenkopf- Wasserspeier** des Tempels von Himera (480 v. Chr.) sowie die ** **Metopen von Selinunte** (6./5. Jh. v. Chr.).

Piazza San Domenico

Über die Via Roma führt der Rundgang weiter zur Piazza S. Domenico und der aus dem 14. Jh. stammenden, barockisierten * **Chiesa San Domenico** ⑰ mit Grabdenkmälern berühmter Sizilianer sowie dem * **Oratorio del Rosario,** dem Oratorium der Rosenkranzbrüder aus dem 16. Jh., das ein *Altarbild Anton van Dycks* schmückt. Hier beginnt nun Palermos viel gerühmter Markt Boccerìa Vecchia, besser bekannt als ** **Vucciria** ⑱, der frühmorgens beginnt und erst zur Siestastunde endet.

Von La Cala zur Piazza Marina

Vom alten Hafen *La Cala,* dem „All-Hafen" der Antike, gelangt man zum barocken Triumphtor * **Porta Felice** ⑲. Die im Zweiten Weltkrieg zerbombte Uferpromenade *Foro Italico* führt zur **Villa Giulia** mit einem hübschen Rokokogarten. Gleich daneben liegt an der Via Lincoln (Eingang Nr. 2 B) der sehenswerte **Botanische Garten** ⑳ (☎ 09 16 16 24 72; Mo–Fr 9–18 Uhr, Sa/So/Fei 8.30–13.30 Uhr).

Von der Via Lincoln ist nach einigen hundert Metern nach links ein Abstecher in den Corso dei Mille über den 1113 errichteten, siebenbogigen * **Ponte dell' Ammiraglio** möglich. Bei Hausnummer 384 des Corso dei Mille befindet sich der Zugang zur Via Salvatore Cappello mit der einstmals vor der mittelalterlichen Stadt liegenden Aussätzigen-Kirche ** **San Giovanni dei Lebbrosi.** 1071 von Roger I. errichtet zählt das heute von Palmen umgebene Kirchlein zu den ältesten Normannenbauten der Insel. (Den Schlüssel kann man im Gebäude über dem Haupteingang gegen ein Trinkgeld bekommen.)

Geht man quer durch das Gassengewirr hinter dem Foro Italico zurück in Richtung La Cala, erreicht man den **Giardino Garibaldi,** wo Büsten an Garibaldis Kampfgefährten erinnern. Ein stilvoller Rahmen für den * **Palazzo Chiaramonte** ㉑, auch **Lo Steri** genannt, der ein hervorragendes Beispiel für den „Chiaramonte-Stil" des 14. Jhs. (spätgotische Palastkuben mit noch deutlichen normannisch-arabischen Elementen) darstellt.

Die Ponte dell'Ammiraglio führt heute über Land

Praktische Hinweise

i **APT,** 90141 Palermo, Piazza Castelnuovo 35, ☎ 091 58 61 22, FAX 091 33 18 54, Internet: http://www.aapit.pa.it. Infobüros gibt es auch am Flughafen, am Seehafen und auf der Piazza Duomo in Monreale.

✈ Internationaler Flughafen „Falcone - Borsellino" in Punta Raisi (25 km Richtung Trapani), inneritalienische Linienflüge, auch auf die Inseln Lampedusa und Pantelleria, nach Malta und Tunesien. Charterflüge.

Direkte Bahnverbindungen mit Rom und den wichtigsten Städten

Kühlende Frische im Park der Villa Giulia

Rosalia – Heilige und Schutzpatronin

Opfergaben, die auf dem Monte Pellegrino – sein Name dürfte sich aus dem arabischen *Dschebel grin* („naher Berg") ableiten und bedeutet heute in der Übersetzung *Pilgerberg* – gefunden wurden, lassen darauf schließen, dass hier seit alters Heiligtümer standen. Die Verehrung galt stets Gottheiten weiblichen Geschlechts. Und die Dame, die nun das Ziel unzähliger Pilger ist, heißt *Rosalia,* ihres Zeichens Heilige und Schutzpatronin von Palermo. Der Florentiner Bildhauer Gregorio Tedeschi hat die Skulptur im 18. Jh. geschaffen, die von einem kostbaren, aus Goldblech getriebenen Gewand umhüllt wird. Zwischen zwei hohe Felsen zwängt sich die Fassade der 1625 errichteten *Wallfahrtskirche,* die sich in eine 25 m tiefe Grotte schmiegt. Nach der Legende erschien während der Pestepidemie von 1624 die ein halbes Jahrtausend zuvor verstorbene Rosalia, Nichte des Normannenkönigs Wilhelm II., einem Jäger im Traum und befahl ihm, ihre Gebeine am Monte Pellegrino zu suchen, wohin sie sich als Vierzehnjährige in die Einsiedelei zurückgezogen hatte. Der Mann fand die sterblichen Überreste des Mädchens, trug sie durch Palermo und die Seuche griff nicht weiter um sich. Zum Gedenken an das Wunder findet seither in der Inselhauptstadt alljährlich am 15. Juli ein prunkvoller Umzug statt. Vom Heiligtum (412 m) geht es noch 1,5 km weiter bis zu einem Belvedere mit einer riesigen Statue der hl. Rosalia.

Norditaliens sowie mit Messina, Catania, Siracusa, Agrigento und Trapani.
🚌 Palermo hat keinen zentralen Busterminal, alle Überlandlinien enden aber in der Nähe des Hauptbahnhofs. Die wichtigsten Stadtbus-Linien gehen über den Hauptbahnhof. **Flughafenbus** ab Piazza Giulio Cesare (Hauptbahnhof).
Ⓜ Seit Beginn der 90er Jahre gibt es eine kurze **Metro-Linie,** die den Hafen mit dem Bahnhof Notarbartolo verbindet; dort Anschluss an den Eisenbahn-Vorortverkehr und nach Trapani.
⛴ Regelmäßige **Fährschiffe** verkehren nach Genua, Livorno, Neapel, Tunis und Cagliari sowie zu den Liparischen Inseln und zur Insel Ustica. Die wichtigsten Schifffahrtsgesellschaften: *Siremar,* Via Francesco Crispi 118, ☎ 091 58 24 03, Fax 091 32 71 47; *Tirrenia,* Via Molo, ☎ 09 16 02 11 11, Fax 09 16 02 12 21.
Taxi: Autoradiotaxi, Via Belgio 22, ☎ 091 51 33 11 oder 51 33 98.

Grand Hotel Villa Igiea, Salita Belmonte 43, ☎ 091 54 37 44, Fax 091 54 76 54. Luxushotel in Jugendstil-Villa, hat seinen Preis. $$$
Excelsior Palace, Via Marchese Ugo 3, ☎ 09 16 25 61 76, Fax 091 34 21 39. Komfortables Hotel, zentrale. $$$
Grand Hotel et des Palmes, Via Roma 389, ☎ 091 58 39 33, Fax 091 33 15 45. Schon Richard Wagner logierte in diesem zentral gelegenen Haus. $$$
Grande Albergo Sole, Corso Vittorio Emanuele 291, ☎ 091 58 18 11, Fax 09 16 11 01 82. Traditionsreiches Haus nahe den Quattro Canti. $$
Sausele, Via Vincenzo Errante 12, ☎ 09 16 16 13 08, Fax 09 16 16 75 25. Sauberes Hotel der Mittelklasse mit eigener Garage, Bahnhofsnähe. $$
Letizia, Via Bottai 30, ☎ Fax 091 58 91 10. Mitten im Altgassen-Gewirr, einfach und sauber. $$
Tonic, Via Mariano Stabile 126, ☎ Fax 091 58 17 54. Zentrale Lage, sauber. $$

Gourmand's, Viale della Libertà 37e, ☎ 091 55 25 43. So und im August geschl. Mittelmeerküche vom Feinsten in elegantem Ambiente. $$$
Il crudo e il cotto, Piazza Marina 45 a, ☎ 09 16 16 92 61. Di Ruhetag. Bodenständiges Restaurant an einem der schönsten Plätze Palermos (auf Handtaschen Acht geben!). $$
Osteria Al Duar, Via Ammiraglio Gravina 31. Mo Ruhetag. Tunesisch-sizilianische Küche, sehr pikant. $$
Capricci di Sicilia, Piazza Sturzo 4, ☎ 091 32 77 77. Mo Ruhetag. Traditionelle Gerichte der Insel. $$
Shanghai, Vicolo Mezzani 34, ☎ 091 58 97 02, direkt im Marktviertel Vucciria. Mi Ruhetag. Touristisch, Essen mäßig, aber großartiger Blick auf den Markt. $
Antica Focacceria S. Francesco, Via Alessandro Paternostro 58, ☎ 091 32 02 64. Mo Ruhetag. Schönster Jugendstilrahmen für ein Selbstbedienungslokal. $
La Mensa del Popolo, Via Mariano Stabile 84, ☎ 091 33 23 09. Mo Ruhetag. Einfaches, sauberes Lokal. $

Der politische Frühling sorgt für Pep in Palermos Nachtleben. Die Adressen wechseln ständig, aber an der Piazza Olivella, zwischen den Quattro Canti und der Kathedrale, im **Spasimo** und den **Cantieri della Zisa** ist immer was los.

Tipp Im **Giornale di Sicilia** stehen die aktuellen Termine!

* Monte Pellegrino

Schließlich bietet sich noch ein Ausflug auf den Monte Pellegrino (606 m) an. An den Hängen des mächtigen Kalkblocks wachsen kleine Pinienwälder, nicht weniger als 42 Grotten, seit Urzeiten von Menschen genutzt, dringen in sein Inneres. Die archäologisch bedeutendste ist die **Addàura-Höhle** (nicht zu besichtigen) mit Ritzzeichnungen aus der Altsteinzeit.

** Catania

Die schwarze Tochter des Ätna

Beliebter Treffpunkt in Catania: der Elefantenbrunnen

Catania ist temperamentvoll und charmant, schäbig und elegant, nostalgisch und hässlich modern gleichermaßen. Ist ein Feuerwerk an Gegensätzen wie ihre schlagfertigen, gewitzten, jeder Lebenslage gewachsenen Bewohner, die sich als Engel oder Teufel entpuppen können, niemals aber als Langweiler. Wer sich freilich vom Flughafen Fontanarossa durch das Verkehrsgewühl der gut und gerne eine halbe Million Einwohner zählenden zweitgrößten Stadt Siziliens quält, sieht vorerst einmal hässliche Wohnsilos in den Außenbezirken, Schäbigkeit und Tristesse. Nur allzu bereitwillig bestätigen diese Eindrücke die von allen Medien geschürten Vorurteile gegenüber einer der Hochburgen der Mafia und trüben zudem allzu leicht den Blick für die barocke Schönheit, zu der sich die uralte Griechenstadt Katane im 18. Jh. gemausert hat.

Brodelnde Großstadthektik in der Via della Lettera

Geschichte

Die Chalkidier aus Naxos, die 729 v. Chr. auf der Suche nach fruchtbarem Boden ihre Anker im weitläufigen Golf von Catania warfen, waren nicht nur klug, sondern auch mutig: sie siedelten sich nämlich in der einzigen großen Ebene der Insel, der von zwei Flüssen bewässerten *Piana di Catania*, an und das kaum 25 km vom Gipfel des Feuer speienden Ätna und seiner einstmals nicht minder gefährlichen Nebenkrater entfernt.

Man(n) kennt sich

Tatsächlich wurde Catania (Catinon = die Hügelige) seit der griechischen Besiedlung dreimal durch Lava und viermal durch Erdbeben zerstört. Im 18. Jh. verwirklichte der Palermitaner *Giovan Battista Vaccarini* seinen Traum von einer schwarzen, aus Lava und Basalt errichteten Barockstadt in Catania, in der sich schnurgerade, rechtwinkelig aufeinander treffende Straßenzüge immer wieder zu Plätzen öffnen. Beeinflusst von Meistern aus Rom schuf er eine Perle des sizilianischen Barock.

Vorsicht!

Schmuck, Handtaschen und andere entbehrliche Wertsachen haben bei einer Stadtbesichtigung in Sizilien nichts verloren – sonst sind sie es nämlich. Zu jeder Tages- und Nachtzeit, am intensivsten aber um die Mittagsstunden, wenn die Straßen ausschließlich von Touristen bevölkert sind, halten geschickte Straßendiebe auf ihren Mopeds vor allem in den großen Städten nach Opfern Ausschau.

Stadtbesichtigung

Um die ** Piazza Duomo

Der im 11. Jh. auf den Resten römischer Thermen errichtete ***Dom (Duomo)*** ❶ bewahrte sich nur wenige Elemente – die drei Apsiden und das Querschiff – aus der Normannenzeit. Den barocken Neubau mit seiner schwingenden Fassade schuf *der* Architekt Catanias, G. B. Vaccarini, der daher bei allen folgenden Bauten dieser Epoche nicht mehr eigens genannt werden muss.

Im Inneren stößt man gleich rechts auf das *Grabmal Vincenzo Bellinis*, ebenfalls rechts liegt neben dem Hauptaltar hinter einem prachtvollen Schmiedeeisengitter die *Agatha-Kapelle*. Zu sehen ist von der Stadtpatronin Catanias jedoch nur ein Bild, das die Heilige über und über mit Schmuck behängt zeigt. Lediglich zu ihren Festtagen im Februar wird die das ganze Jahr über in einem Schrein aufbewahrte Büste in einer feierlichen Prozession in die dem linken Seitentor gegenüberliegende

Chiesa della Badia di Sant'Agata ❷ gebracht. Auffallend ist die achteckige Kuppel über einer konkav-konvexen Fassade (🕓 tgl. außer an Feiertagen 8–11 Uhr). Der frühchristlichen Märtyrerin errichteten die Catanesen noch zwei weitere Kirchen zum Dank dafür, dass sie wiederholt die glühende Lava vor den Toren der Stadt zum Stillstand gebracht hat. Nur die Katastrophen im 17. Jh. konnte selbst Sant'Agata nicht verhindern. Nachdem der Ätna wieder einmal Feuer und Rauch gespien hatte, entdeckte Catanias Bauherr Vaccarini in dem Schutt einen Elefanten und einen Obelisken, aus denen er den ***Elefantenbrunnen*** schuf. Das Wahrzeichen der Stadt sorgt heute auf dem vom **Palazzo degli Elefanti** (Rathaus) und dem **Palazzo del Seminario** (beide Mitte des 18. Jhs.) flankierten, als Barockensemble in seiner Gesamtheit einfach hinreißendem Domplatz, der Piazza Duomo für kühlende Frische. Der aus römischer Zeit stammende Elefant aus Lava diente angeblich einst als Schlussstein einer antiken Rennbahn, doch genau weiß man das ebenso wenig wie man die verschlungenen Pfade kennt, auf denen der ägyptische Obelisk mit Symbolen des Isiskultes auf die Insel gekommen ist. Vaccarini fügte beide Stücke einfach zusammen, indem er dem Elefanten eine Satteldecke aus edlem Marmor auflegen und ihn den Obelisken tragen ließ. Das Kreuz des Christentums auf der Spitze bannt seither die heidnischen Götter, die wohl sonst ihr Unwesen treiben könnten.

Als hohe Kunst wird seit alters her die Speiseeiszubereitung gepflegt. Meisterwerke, *granita* wie *gelato*, gibt es z. B. in der **Gelateria del Duomo** und im **Caprice,** beide in unmittelbarer Domnähe.

Wer zu später Stunde noch ein Buch kaufen oder einen gepflegten Cocktail zu sich nehmen möchte: **Tertulia,** Via Rapisardi 1/3, 09 57 15 26 03. In den Straßen rund um das Opernhaus pulsiert auch nachts das Leben!

Der * Fischmarkt ❸

Heidnisch geht es gleich ein paar Schritte weiter zu, wo an dem dekorativen barocken Stadttor Porta Uzeda der **Amenano-Brunnen,** ein Werk des Bildhauers Tito Angelini aus dem Jahr 1867, zu Ehren des antiken Flussgottes Amenanos den Beginn des Fischmarktes in der Via di Benedetto signalisiert. Das bunte Leben und Treiben inmitten der aufs Appetitlichste arrangierten fangfrischen Waren, das Feilschen und Handeln in uralter Gebärdensprache, begleitet von den heiser geschrieenen Stimmen in unverständlichem Sizilianisch, sollte sich kein Besucher entgehen lassen. Was macht das schon,

Prachtvolle Kuppel der Badia di Sant'Agata von Catania

❶ Dom
❷ Badia d. Sant'Agata
❸ Fischmarkt
❹ Castello Ursino
❺ Teatro Greco
❻ Via Crociferi
❼ Via Etnea
❽ Markt
❾ Teatro Massimo Bellini

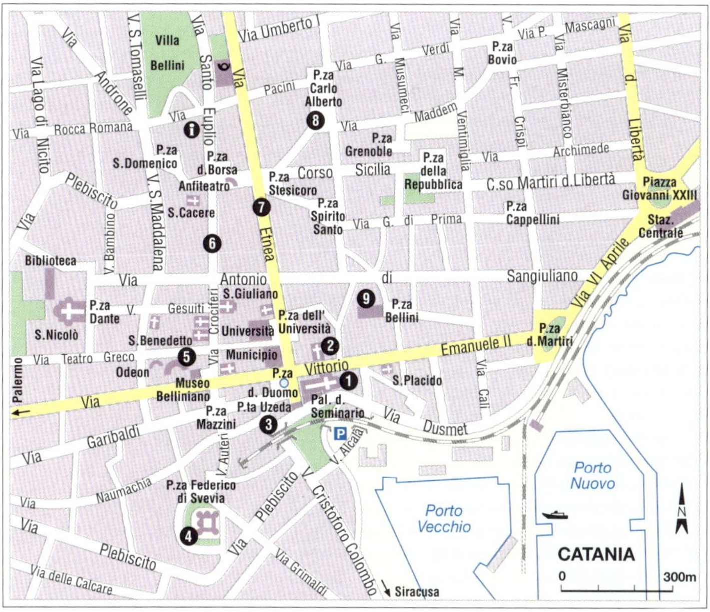

wenn sich plötzlich ein Schwall Wasser aus einem sorglos ausgeschütteten Bottich auf das ausgetretene Pflaster ergießt – schlimmstenfalls holt man sich nasse Füße, die spätestens am Ende des weitläufigen Marktes wieder trocken sind. Unglaublich, was das gemarterte Mittelmeer noch immer jeden Tag aufs Neue für seine Bewohner bereithält. Neben silbrig glänzenden Fischleibern türmen sich Muscheln, Krebse, Langusten, Seeigel und noch allerlei Getier, das wir in unseren nördlichen Regionen nicht einmal vom Hörensagen kennen. Dazwischen drängen vor Früchten überquellende Obst- und Gemüsestände, jeder Einzelne eine Augenweide für sich. Unter ausladenden Sonnenschirmen stapeln sich Käse und Fleischwaren, daneben hält ein Bauer auf seinem Karren würzig duftende Kräuter feil – ein Fest der Sinne, mediterrane Lebensart vom Feinsten.

** Castello Ursino ❹

Als Zwingburg und Kaserne wurde das Castello von Friedrich II. zwischen 1239 und 1250 errichtet. Bis zum Ätna-Ausbruch von 1669 lag der von gewaltigen Rundtürmen flankierte vierflügelige Bau unmittelbar am Hafen, heute befindet sich das Kastell weitab vom Meer. Die Lavamassen zerstörten damals nämlich nicht nur weite Teile Catanias, sie vergrößerten gleichzeitig das Stadtgebiet. Zwar hielten die mächtigen Mauern der Stauferfeste wie ein Fels in der Brandung der glühenden Lava stand, doch gut ein Drittel des Bauwerks verschwand unter der Erdoberfläche, wie die Ausgrabungen an einigen Stellen eindrucksvoll demonstrieren. Am Nordportal ist noch der Kaiseradler Friedrichs II. zu sehen.

Museo Civico

Im Inneren des Castello Ursino befindet sich die gefällig arrangierte Sammlung des Museo Civico, des Stadtmuseums, das neben griechischen und römischen Fragmenten auch Kunst des 14. bis 20. Jhs. zeigt (🕓 tgl. 8.30–13 Uhr, So/Fei 9 bis 12.30 Uhr).

Teatro Greco ❺

Gleichsam im Vorbeigehen kann man nun auf dem wieder in nördliche Richtung führenden Rundweg in der Via Vittorio Emanuele die Überreste des nur teilweise freigelegten Teatro Greco besuchen (Eingang bei Nr. 266). Das Theater wurde in römischer Zeit für 7000 Besucher erweitert. Gleich daneben fanden in dem römischen **Odeon** vor nur 1300 Zuschauern Wettkämpfe statt.

Piazza San Francesco

In Richtung Domplatz gelangt man zur Piazza S. Francesco mit der bombastischen Statue des Kardinal Dusmet (1818–1894), der Gründer einer christlich-sozialen Bewegung war. Auf diesem Platz (Hausnr. 3) findet man das **Bellini-Geburtshaus** mit einem kleinen **Bellini-Museum,** dessen Sammlung Briefe, Partituren und andere Erinnerungsstücke an den Komponisten umfasst. Bellini stammte aus einer Musikerfamilie mit langer Tradition. Bereits der Großvater herrschte als Kapellmeister im Dom von Catania. Über eine Zwischenstation in Neapel ging Bellini als junger Komponist nach Mailand an die Scala, wo er bald berühmt wurde. Sein endgültiger musikalischer Durchbruch gelang ihm mit der Oper „Norma“, 1831 in Mailand uraufgeführt (🕓 tgl. 9–13.30 Uhr, So/Fei 9–12.30 Uhr).

** Via Crociferi ❻ und ** Via Etnea ❼

Die *Via Crociferi*, die im Nordosten der Piazza ihren Ausgang nimmt, ist ein barockes Gesamtkunstwerk und zählt zu den schönsten Straßen Catanias. Der Name der seit dem 18. Jh. durch keinerlei Baumaßnahmen veränderten Straße leitet sich vom Krankenpflegeorden der Crociferi ab. Auf nur 300 m reihen sich, unterbrochen von prachtvollen Palazzi (heute Sitz von Universitätsinstituten), vier Ordenskirchen samt dazugehörigen Klostergebäuden aneinander.

Wer sich am anderen Ende der Via Crociferi nun nach rechts hält, stößt auf Catanias Prunkboulevard, auf die *Via Etnea* mit ihren exquisiten Boutiquen und noblen Restaurants. Die schnurgerade, drei Kilometer lange Straße, die beim Domplatz beginnt und erst im modernen Stadtteil an der Piazza Gioeni endet, wird bei diesem Rundgang auf der Höhe der Piazza Stesicoro erreicht, wo sich nicht nur das **Bellini-Denkmal** aus dem Jahr 1882, sondern auch die Reste des einstmals 16 000 Zuschauer fassenden **Römischen Amphitheaters** befinden. Das Theater stammt aus dem 2. Jh. n. Chr., wurde aber erst im 17. Jh. zerstört.

Römische Spurensuche ist immer erfolgreich

Mafia: Sogar der Name bleibt im Dunkeln

Über die Herkunft des Wortes *Mafia* gibt es bloß Spekulationen. Manche datieren die Entstehung der „ehrenwerten Gesellschaft" bis in das Jahr der „Sizilianischen Vesper" 1282 zurück. Danach soll Mafia die Abkürzung für „**M**orte **a**i **f**rancesi, **I**talia **a**nela!" (Tod den Franzosen, Italien atmet schon mühsam) sein, was allerdings nirgendwo belegt ist.

Tatsächlich nachweisen lässt sich eine Reihe von Wörtern, die ähnlich wie *Mafia* klingen, doch bis in die Mitte des 19. Jhs. war weder etwas Negatives, Kriminelles noch Soziales damit gemeint, sondern *Kühnheit* oder auch *Anmaßung*. Noch um 1880 konnte einem schönen Mädchen in Dialekten der Provinz Palermo die Eigenschaft *mafios* als positiv zugeschrieben werden, was wiederum eine andere Deutung fraglich macht, die den Begriff auf arabische Ursprünge zurückführt. 1865 kam *Mafia* erstmals im Wortschatz einer Strafverfolgungsbehörde vor, nachdem drei Jahre zuvor die Dialektkomödie „I mafiusi della Vicaria" die im Gefängnis besonders angesehenen Häftlinge als *mafiusi* bezeichnet hatte.

Seit 1875 lässt sich das Wort auch im nicht italienischen Sprachgebrauch nachweisen, meist im Zusammenhang mit Gefängnisrevolten, Polizistenermordungen oder Bandenbildung. In Italien selbst wurden zunächst kleine Diebe und Hehler, bald aber nur noch kriminelle Vereinigungen *Mafia* genannt. Heute steht der Begriff weltweit als Synonym für organisiertes Verbrechen in großem Stil, aber auch für eine allumfassende Geheimorganisation, die unter absoluter Schweigepflicht bis hinauf zu den Spitzen des Staates im Dunkeln operiert.

Der Markt 8 und Teatro Massimo Bellini 9

Der weitere Stadtbummel kann nun mit einem Besuch auf dem Markt fortgesetzt werden, der bereits hinter dem Bellini-Denkmal beginnt und weitestgehend um die *Piazza Carlo Alberto* angesiedelt ist.

Der pittoreske **Markt** (tgl. 8 bis ca. 13 Uhr) bietet Textilien, Lederwaren und Haushaltsgeräte; am Sonntag findet ein Floh- und Antiquitätenmarkt statt.

Man kann auch Catanias großem Sohn und weltberühmtem Komponisten eine weitere Referenz erweisen und das *Teatro Massimo Bellini* besuchen, auf der gleichnamigen Piazza zwischen der Via Vittorio Emanuele und der Via Antonio di Sangiuliano. Das Theater wurde 1890 mit der Oper „Norma" eingeweiht (Eingang in der Via Perrotta; Besichtigung Mo 9–12 und 15–18 Uh, Anmeldung 095 31 20 20).

Tipp Lohnend ist der Besuch einer **Opernaufführung** im Teatro Massimo Bellini mit anschließendem Bummel durch die umtriebige Lokal szene dieses Viertels.

Praktische Hinweise

APT, 95124 Catania, Via Domenico Cimarosa 10, 09 57 30 62 33, 095 31 64 07, Internet http://www.apt.catania.com. Informationsbüros auch am Flughafen Fontanarossa (09 57 30 62 66) und am Bahnhof Stazione Centrale (09 57 30 62 55).

Flughafen „Filippo Eredia" – Fontanarossa.

Ein städtisches Busnetz verbindet alle Stadtviertel sowie Bahnhof und Flughafen (Alibus). Die Abfahrtsstelle für die Linienbusse in die Umgebung sowie nach Rom und Palermo befindet sich am Platz vor dem Bahnhof (Piazza Giovanni XXIII).

nach Rom, Mailand, Turin und Venedig; Acireale, Taormina, Messina; Caltagirone; Siracusa, Ragusa, Gela; Agrigento. FS Stazione Centrale, Piazza Giovanni XXIII, 095 53 16 25. *Ferrovia Circumetnea* (über Adrano, Bronte, Randazzo, Linguaglossa nach Giarre-Riposto): Via Caronda 352, 095 54 12 44.

Tirrenia (Linien nach Neapel, Reggio di Calabria, Malta, Nordafrika): Via Androne 63, 095 31 63 94.

Taxi: A.T.C. 095 32 26 73; C.S.T. 095 33 09 66; R.T.C. 095 33 32 16.

Parkplatz: Ein tagsüber bewachter Parkplatz befindet sich am Hafen hinter dem Fischmarkt.

Central Palace, Via Etnea 218, 095 32 53 44, 09 57 15 89 39. Elegantes Stadthotel in der Nähe des Domplatzes. $$

Miramare, Viale Kennedy 42, 095 34 69 63, 095 34 61 39. Schöne Lage am Meer. $

Europensione, Piazza dei Martiri 8, 095 53 11 52, 095 53 10 07. Sauberes Quartier in Bahnhofsnähe. $

Al Poggio Ducale, Via Paolo Gaifami 7, 095 33 00 16. So abends, Mo mittags und im August geschl. Erste Adresse für Feinschmecker. $$

La Siciliana, Viale Marco Polo 52a, 095 37 64 00. So abends, Mo und 2 Wochen im Aug. geschl. Traditionslokal, in dem alte Rezepte zu neuem Leben erweckt werden. $

De Fiore – Trattoria del Forestiero, Via Coppola 24, 095 31 62 83. Mo Ruhetag. Ausgezeichnete Trattoria, wird auch von Opernsängern aufgesucht. $

Trattoria Casalinga, Via Biondi 19, 095 31 13 19. Nur mittags geöffnet, So Ruhetag. Urige Trattoria mit Hausmannskost. $

Eine Melange aus Farben, Tönen und Gerüchen: der Fischmarkt von Catania

FRUTTI DI MARE

Route 1

Seite 43

Südostküste: Antike und barocke Pracht

**** Catania – ** Siracusa – * Necropoli di Pantalica – Palazzolo Acreide – ** Noto – Ispica – * Modica – * Ragusa (230 km)**

Eine Spazierfahrt durch mehr als 3000 Jahre Geschichte, eine Konfrontation mit den Auswüchsen des technischen Fortschritts unserer Zeit: bereits auf dieser Route zeigen sich die vielen Gesichter Siziliens von ihren Sonnen- und Schattenseiten. Die Strecke ist wohl in drei Stunden Autofahrt zu bewältigen, doch nehmen die Besichtigungen mehr als einen Tag in Anspruch. Siracusa freilich, das antike Syrakus, sowie das Barockjuwel Noto gehören zu den Fixpunkten jeder Sizilien-Rundfahrt.

** Siracusa (Syrakus)

734 v. Chr. von Korinthern gegründet und in ihrer Blütezeit als griechischer Stadtstaat von gut einer halben Million Menschen bewohnt zählt die heutige Hauptstadt der gleichnamigen Provinz rund 120 000 Einwohner. Wie groß das antike Syrakus war, lässt sich am besten von der Anhöhe des *** Castello Eurialo ❶** ermessen (8 km außerhalb des Zentrums, zu erreichen über die Ortschaft Belvedere, ⌚ tgl. 9 Uhr bis 2 Std. vor Sonnenuntergang).

Castello Eurialo

Das Kastell, die am besten erhaltene Befestigungsanlage des Altertums überhaupt, bot mit seinen Türmen, unterirdischen Gängen und Festungsgräben bis zu 3000 Soldaten und 400 Reitern Platz und konnte erst durch Verrat von den Römern eingenommen werden.

Die Neustadt

Den besten Überblick über die historische Entwicklung erhält man im **** Museo Archeologico Paolo Orsi ❷** im Park der Villa Landolina (⌚ Di–So 9–14 Uhr, Mi/Fr auch 15.30–19.30 Uhr). Hier sind an die 15 000 Exponate vom Paläolithikum (vor rund 20 000 Jahren) bis zur hellenistischen Epoche (3. Jh. v. Chr.) zu besichtigen, weitere 5000 Objekte der Spätantike können erst nach Fertigstellung der zweiten Etage dem Publikum zugänglich gemacht werden.

Santuario della Madonna delle Lacrime ❸

Gegenüber dem Landolina-Park ragt das gewaltige „Heiligtum der weinenden Madonna“ empor, ein in seiner Hässlichkeit kaum zu überbietendes Ungetüm für Massen-Wallfahrten, dessen Besuch sich nur lohnt, wenn man einen Eindruck von der Frömmigkeit der Sizilianer gewinnen möchte.

* Catacombe di San Giovanni ❹

Eine Stätte des Urchristentums waren die Katakomben (Mi–Mo 9–13 und 14–17 Uhr) aus dem 4. Jh. n. Chr. mit

❶ Castello Eurialo
❷ Museo Archeologico Paolo Orsi
❸ Santuario d. Madonna d. Lacrime
❹ Catacombe d. S. Giovanni
❺ Parco Archeologico d. Neapoli
❻ Tempio d. Apollo
❼ Piazza Archimede
❽ Piazza d. Duomo
❾ Fonte d. Aretusa

SIRACUSA
(SYRAKUS)
0
300m
N
Via d. Sepolcri
(Gräberstraße)
Viale Rizzo
Grotta d. Cordari
Orecchio di Dionisio
Latomia
del Paradiso
Teatro
Greco
S.Nicolò
V. Paradiso
Anfiteatro
Romano
Ara di
Ierone II
Viale Teracati
Viale Paolo Orsi
Corso Gelone
Via Teocrito
Villa
Landolina
Via A. von Platen
Via Bassa Acradina
Latomia d.
Cappuccini
S.Maria
di Gesù
Viale Cadorna
Stadio
Comunale
Via Torino
Via Grappa
Via Bainsizza
Via Gorizia
S.Lucia
P.za
Lucia
Via Ragusa
Via Monte
Via Trapani
Viale Luigi
Corso Timoleonte
P.za d.
Vittoria
V.d.Natale
Via M. Carabelli
Via Tevere
P.za d.
Repubblica
Via Mosco
Via Re Ierone I
Arsenale
Antico
Riviera Dionisio il Grande
Viale
Stazione
Ermocrate
Via Florina
V. Catania
Viale A. Diaz
V. d. Arsenale
V.le R. Margherita
P.za
Lepanto
Porto Piccolo
P.zle
Marconi
Corso Umberto I
Via Malta
Staz.
Marittima
Darsena
Ponte
Nuovo
P.za d.
Posta
Via Trento
Via Vittorio Veneto
V. Resalibera
S.Pietro
S.Filippo
V.le Mazzini
Via Savoia
C. Matteotti
P.ta
Marina
Settimo
Italico
Foro
Pal.
Beneventano
Via R.
Municipio
V. Maestranza
S.Francesco
S.Giovanni
Battista
Duomo
Via Roma
V. Giudecca
Via Nizza
Pal.
Bellomo
V. Capodieci
Ortigia
Lungomare
Lungom. Alfeo
Castello
Maniace
Porto Grande
IONISCHES MEER
P
1
2
3
4
5
6
7
8
9

1

Seite 41

tausenden von Grabnischen in langen, weit verzweigten Gängen. Durch die nach dem Erdbeben von 1693 nur noch in Ruinen erhaltene gleichnamige Basilika (6.–11. Jh.) gelangt man in die **Cripta di San Marziano,** in der auch der hl. Paulus gepredigt haben soll.

** Parco Archeologico della Neapoli ❺

Ein kurzer Spaziergang führt zu den wichtigsten antiken Ausgrabungen der Stadt, die im Parco Archeologico (◷ tgl. 9 Uhr bis 2 Std. vor Sonnenuntergang) zu besichtigen sind. Auftakt der Welt aus Stein ist das * **Anfiteatro Romano** (Römisches Amphitheater), das mit seiner elliptischen Form von 140 x 119 m eine der größten Anlagen der Antike war. Der lange imposante Steinsockel westlich des Theaters war der Altar Hierons II., dem alljährlich 450 Stiere geopfert wurden.

*** Teatro Greco

Das Teatro Greco (Griechisches Theater) aus dem frühen 5. Jh. v. Chr. zählt zu den bedeutendsten seiner Art aus dem griechischen Altertum. Tausende von Sklaven mussten die ehemals 67 Sitzreihen aus dem Fels hauen. Die großartige Anlage des Theaters lässt noch heute die einst blühende Stadt erraten, in der man den Musen eine besondere Verehrung entgegenbrachte.

Inszenierte Antike

Seit 1914 wird das antike Theater von Syrakus wieder bespielt und zwar in jedem zweiten Sommer, in den geraden Kalenderjahren. Einige der Stücke, die heute in italienischer Sprache und moderner Inszenierung aufgeführt werden, hatten an der gleichen Spielstelle vor über 2500 Jahren ihre Uraufführung erlebt. Informationen gibt das **Istituto Nazionale del Dramma Antico,** Corso Mateotti 29, ☎ 093 16 74 15.

Die Altstadt

Die Altstadt von Siracusa liegt auf der ** **Insel Ortigia,** seit antiken Zeiten als *Wachtelinsel* bekannt. Man erreicht sie über den *Ponte Nuovo,* der das Hafenbecken überspannt, und gelangt nach wenigen Schritten zu den Überresten des **Tempio di Apollo** *(Apollo-Tempel)* ❻, des ältesten dorischen Tempels Siziliens (6./5. Jh. v. Chr.). Ein hübscher Brunnen und Paläste aus dem 14. und 15. Jh. zieren die **Piazza Archimede** ❼, die auf dem Weg zur architektonisch zauberhaften **Piazza del Duomo** ❽ liegt.

Piazza del Duomo ❽

Der ** **Dom,** im 6. Jh. unter Einbezug der Bauelemente eines Athene-Tempels aus dem 5. Jh. v. Chr. errichtet, erhielt im 18. Jh. durch den Barockbaumeister Andrea Palma sein heutiges Aussehen, insbesondere seine geschwungene Barockfassade hinter der ausladenden Freitreppe, die von Statuen der Apostel Petrus und Paulus flankiert wird. In einer Seitenkapelle des dreischiffigen Innenraums steht ein Taufbecken aus Alabaster (13. Jh.), ursprünglich eine hellenistische Vase. Der Dom wird flankiert vom **Rathaus,** einem Werk des Baumeisters Giovanni Vermexio (1629), und vom **Palast des Erzbischofs** (nicht zu besichtigen). Dem Rathaus gegenüber erhebt sich der **Palazzo Beneventano del Bosco** (15. bzw. 18. Jh.).

Ein bunter und reich bestückter **Lebensmittel- und Textilmarkt** wird vormittags (tgl. außer So) zwischen Apollo-Tempel und Piazza C. Battisti abgehalten.

Nicht nur Hochzeitspärchen eilen, frisch getraut in Rathaus und Dom, durch ein schmales Gässchen zur * **Fonte di Aretusa (Quelle der Nymphe Arethusa)** ❾, um sich dem Fotografen zu stellen, auch die Kameras der Touristen klicken unaufhörlich an jenem sagenumwobenen halbkreisförmigen Bassin, in dem sich eine kleine Insel aus Papyrusstauden befindet.

1
Seite 43

APT, 96100 Siracusa, Via S. Sebastiano 47, ☏ 093 16 77 10.

Grand Hotel, Viale Mazzini 12, ☏ 09 31 46 46 00, FAX 09 31 46 46 11. Das erste Haus am Platz, frisch restauriert auf der Ortigia. Parkplätze. $))

Villa Politi, Via M. Politi 2, ☏ 09 31 41 21 21, FAX 093 13 60 61. Elegantes Jugendstilhotel. $))

Park Hotel, Via Filisto 80, ☏ 09 31 41 22 33, FAX 093 13 80 96. Ruhige Lage im Zentrum. $)

Jonico'a Rutta'e Ciauli, Riviera Dionisio Il Grande 194, ☏ 093 16 55 40. Ganzjährig geöffnet, Di Ruhetag. Spitzenlokal von Siracusa mit schönem Hafenblick. $))

Archimede, Via Gemmellaro 8, ☏ 093 16 97 01. So abends geschl., ganzjährig geöffnet, Traditionslokal im Zentrum der Altstadt. $)

Pesco Mare, Via Landolina 6, ☏ 093 12 10 75. Mo Ruhetag. Schönes Altstadtlokal in Domnähe mit Innenhof. $)

Großartigkeit setzt das Griechische Theater in Siracusa in Szene

Stätte des Urchristentums: die Katakomben in Siracusa

Von Siracusa nach Ragusa

Die *Nationalstraße 124* bringt uns zu den * **Necropoli di Pantalica,** mehr als 5000 in den Fels gehauenen sikulischen Grabkammern (1200 v. Chr.). Man kann diese ungewöhnliche Begräbnisstätte in romantischer Berglandschaft am besten über Ferla erreichen. Vom *Palazzo del Principe* aus lassen sich auf markierten Wegen einige sehr schöne Wanderungen auch hinab in das Tal des *Anapo*-Flusses unternehmen.

Zurück auf der N 124 gelangt man innerhalb kurzer Zeit nach **Palazzolo Acreide** (10 000 Einw.), an dessen Stadtrand die Ruinen der 643 v. Chr. von den Syrakusanern gegründeten

1

Seite 43

und wegen ihrer strategischen Lage auf der Höhe eines Hügels als militärische Befestigungsanlage ausgebauten Stadt *Akrai* freigelegt wurden. Zu sehen sind u. a. ein Theater aus dem 3. Jh. v. Chr. mit kreisförmigem Zuschauerraum und südlich davon die Überreste eines Tempels (6. Jh. v. Chr., ⌚ tgl. 9–12.30 und 15 Uhr bis 2 Std. vor Sonnenuntergang).

** Noto

Die N 287 verbindet Palazzolo Acreide direkt mit dem unbestreitbaren Höhepunkt des barocken Sizilien, der Stadt Noto (23 000 Einw.). An der Hauptstraße **Corso Vittorio Emanuele,** die Noto von der Porta Nazionale schnurgerade von Ost nach West durchquert, sowie an den beiden dazu parallel verlaufenden Straßen Via Cavour und Via Ducezio liegen die wichtigsten Sehenswürdigkeiten, präsentieren sich die drei barocken Plätze (Immacolata, Municipio und XVI Maggio) mit ihren schwingenden Fassaden und ausladenden Freitreppen als großartige Ensembles. Die wichtigsten Sakralgebäude entlang dem Corso sind die **Chiesa San Francesco** im Franziskanerkloster, der ***Duomo Ss. Nicola di Mira e Corrado** mit seiner hinreißenden Fassade, die **Chiesa del Collegio** des Jesuitenklosters und die **Chiesa San Domenico** des Kollegs der Dominikaner. Keines der Klöster wird jedoch heute noch von den ursprünglichen Orden genutzt. Sehenswert ist auch das Rathaus **Palazzo Ducezio.**

Barockes Juwel

Nach dem verheerenden Erdbeben von 1693 konnten in Noto – 10 km südöstlich des zerstörten Noto Antica – die sizilianischen Architekten Gagliardi, Sinatra und Labisi ihre barocken Phantasien ausleben und ihre Vorstellungen von der idealen Stadt verwirklichen. Terrassenförmig um drei prächtige Plätze herumgebaut entstanden im frühen 18. Jh. aus dem goldgelben Sandstein der Hybläischen Berge prunkvolle Paläste, Kirchen und Klöster sowie üppig geschmückte Denkmäler.

i **APT,** 96017 Noto, Piazza XVI Maggio, ☎ 📠 09 31 83 67 44.

Eloro, Loc. Eloro Pizzuta, ☎ 09 31 81 22 44, 📠 09 31 81 22 00. Große Hotelanlage, 8 km vom Stadtzentrum am Strand gelegen. $$

Stella, Via F. Maiore 44, ☎ 09 31 83 56 95. Sauberes, einfaches Haus nahe Stadtzentrum. $

Il Barocco, Via Cavour/Ronco Sgadari, ☎ 09 31 83 90 70. Wechselnde Ruhetage. Elegante Atmosphäre. $$

Trattoria del Carmine, Via Ducezio 1, ☎ 09 31 83 87 05. Mo Ruhetag. Urige sizilianische Küche. $

Ispica und Umgebung

Auf dem Weg zum Zierl der Route passiert man auf der N 115 das auf einem Kalkfelsen thronende Städtchen Ispica (14 000 Einw.) mit hübschen Barockfassaden von Kirchen und Palästen, insbesondere der **Chiesa Ss. Annunziata.**

Ein Natur- und Kunsterlebnis der besonderen Art bietet die 9 km lange Karstschlucht ***Cava d'Ispica** mit vorgeschichtlichen und frühchristlichen Felsgräbern, Höhlenwohnungen sowie Resten byzantinischer Höhlenkirchen mit nur mehr zum Teil erkennbaren Fresken. Der Großteil der Schlucht ist frei zugänglich, für die Grottenkirche steht ein in der Nähe wohnender Führer (Giuseppe Di Martino) zur Verfügung. Die Abzweigung von der N 115 zur Cava erfolgt 11 km nach Ispica bei *Bettola del Capitano,* dann sind es noch etwa 5,5 km bis zur Schlucht (ausgeschildert).

Seite 43

* Modica

(50 000 Einw.). Sein heutiges Gesicht verdankt das reizende Bergstädtchen – ebenfalls beim Erdbeben 1693 zerstört und an gleicher Stelle wieder aufgebaut – einem reichen Agrarbürgertum. Zu den wichtigsten Monumenten gehören die * **Chiesa San Giorgio,** ein himmelwärts strebendes Gotteshaus über einem 250stufigen Treppenaufgang mit geschwungener, reich verzierter Fassade, und die **Chiesa San Pietro,** ebenfalls mit einem breiten Treppenaufgang. Das **Museo Ibleo** (Palazzo dei Mercedari, Via Mercè, ⌚ Mo–Sa 9–13 Uhr) beherbergt eine der größten Sammlungen sizilianischer Volkskunst.

Motel di Modica, 97015 Modica, Corso Umberto, ☎ 09 32 94 10 22, FAX 09 32 94 10 77. Zentrale Lage an der Flaniermeile der Stadt. $

Bristol, Via Risorgimento 8/b, ☎ 09 32 76 28 90, FAX 09 32 76 33 30. Einfach. $

Fischeridylle im Hafen von Siracusa

Dem Himmel entgegen: die Chiesa San Giorgio in Modica

Arethusa-Legende: Flucht und Happyend

Jedes Liebespaar auf Sizilien kennt und schätzt die reizende Legende, die sich um die Quelle der Arethusa rankt.

Die schöne Nymphe hatte einst auf dem Peloponnes gelebt. Um sich den stürmischen Nachstellungen des verliebten Jägers Alpheios zu entziehen, warf sie sich in die Fluten der Ägäis. Doch Alpheios gab nicht auf. Da erbarmte sich die Göttin Artemis der Nymphe und verwandelte Arethusa in eine klare Quelle, die in Syrakus zu Tage trat. Immer noch ließ der Verliebte nicht locker: er verwandelte sich nun seinerseits in einen Fluss und erreichte, ohne sich mit dem Meer zu vermischen, innerhalb von sieben Jahren Ortygia, wo er sich endlich mit Arethusa vereinigen konnte. Das Happyend rührt die Syrakusaner bis heute.

In der Antike genoss die Nymphe große Verehrung, denn erst die Süßwasserquelle ermöglichte die Stadtgründung. Als Glückssymbol schmückten Arethusas Kopf die Münzen von Syrakus, die einige Jahrhunderte lang zu den begehrtesten Währungen der griechischen Welt zählten. Und weil Nymphen zwar nicht unsterblich sind, laut Plutarch aber ein Durchschnittsalter von 9620 Jahren erreichen, dürfte die Quelle auf Ortygia nicht so bald versiegen.

1

Seite 43

Marina di Modica

In Marina di Modica (20 km südl.) herrscht im Sommer lebhafte Badeatmosphäre, denn der Ort ist ein bei den Einheimischen beliebtes Seebad.

⚠ **Di Vita Vera,** Strada per Punta Religione, ☎ 033 82 20 79 01.

*Ragusa

(65 000 Einw.). Die wohlhabende und bürgerliche Provinzhauptstadt besteht aus zwei Teilen: im Westen die moderne, nach dem Muster eines Schachbretts angelegte *Oberstadt*, die auch zahlreiche barocke Sehenswürdigkeiten aufweisen kann, im Osten das bezaubernde ***Ragusa Ibla,** in dessen Mittelpunkt die barocke ***Basilika San Giorgio** über den niedrigen Dächern des Domplatzes thront – ein Werk des Baumeisters Rosario Gagliardi.

Im Zentrum der Oberstadt sollte man die prunkvolle **Kathedrale San Giovanni** auf der gleichnamigen Piazza und das **Museo Archeologico Ibleo** (Palazzo Mediterraneo, Via Natalelli, ☎ 09 32 62 29 63, ⏲ tgl. 9–13.30 und 15–18 Uhr) mit interessanten Exponaten von der Frühgeschichte bis zur byzantinischen Zeit nicht versäumen.

APT, 97100 Ragusa Ibla, Via Cap. Bocchieri 33, ☎ 09 32 62 14 21.

Mediterraneo Palace, Via Roma 189, ☎ 09 32 62 19 44, ℻ 09 32 62 37 99. Elegantes, modernes Haus im Zentrum der Oberstadt. ($)
Rafael, Corso Italia 40, ☎ 09 32 65 40 80, ℻ 09 32 65 34 18. Elegantes Haus im Zentrum der Oberstadt. ($)
Montreal, Via S. Giuseppe 14, ☎ ℻ 09 32 62 11 33. Gepflegtes Stadthotel, jüngst restauriert. ($)

La Pergola, Piazza Luigi Sturzo 6/7, ☎ 09 32 25 56 59. Di Ruhetag, August geschl. Gelungene Verbindung der Küche Siziliens mit jener anderer italienischer Regionen. ($)
U Saracinu, Ragusa Ibla, Via del Convento 9, ☎ 09 32 24 69 76. Mi Ruhetag. Reichhaltige Speisekarte mit vielen lokalen Spezialitäten. ($)
Villa Fortugno, 4 km außerhalb, an der Straße nach Marina di Ragusa, ☎ 09 32 66 71 34. Mo Ruhetag, Aug. geschl. Sizilianische Küche. ($)

Ausflüge

*Palazzo Donnafugata

Der Palazzo (23 km südwestlich von Ragusa, Abzweigung von der Straße nach S. Croce Camerina) diente dem Schriftsteller *Giuseppe Tomasi di Lampedusa* wahrscheinlich als Vorlage für den gleichnamigen, in seinem weltberühmten Roman „Der Leopard" beschriebenen Landsitz. In den ehemaligen Stallungen kommen heute Feinschmecker auf ihre Kosten.

Tipp Von einem Landgasthof aus dem 15. Jh. kann man abheben zu Flügen über die Monti Iblei, zum Ätna, den Äolischen und Peleagischen Inseln, Pantelleria und sogar Malta und Tunesien. **Eremo della Giubiliana,** Km 9 der S. P. nach Marina di Ragusa, ☎ 09 32 66 91 19, ℻ 09 32 62 38 91.

Marina di Ragusa

Im Sommer herrscht in dem modernen Seebad (24 km südl. von Ragusa) viel Betrieb, vor allem einheimisches Publikum. Die zahlreichen Hotels, Pensionen und Ferienanlagen empfehlen sich auch für längere Aufenthalte.

Terraqua, 97100 Marina di Ragusa, Via delle Sirene 35, ☎ ℻ 09 32 61 55 80. Das Terraqua ist ein sauberes Haus der Mittelklasse. ($)

⚠ **Baia del Sole,** Lungomare A. Doria, ☎ 09 32 23 98 44, ℻ 09 32 23 03 41
Rocca dei Tramonti, Località Punta Braccetto, ☎ 09 32 91 80 54.

Route 2

Südwestküste: Höhepunkte griechischer Baukunst

*Ragusa – **Agrigento – *Eraclea Minoa – *Caltabellotta – Sciacca – **Selinunte (ca. 250 km)

Allzu viel ist ungesund und auch ein Übermaß an griechischen Tempeln, wie sie auf dieser Route liegen, kann wie ein schwerer Stein im Magen liegen. Man sollte daher vermeiden, Agrigento und Selinunte an einem Tag optisch zu verschlingen. Zwischendurch gibt es jede Menge leichterer und abwechslungsreicher Kost und je nach Lust und Laune lässt sich das müde Haupt abends in einem Hotel am Meer zur Ruhe betten. Genießer wissen, dass Speis und Trank Leib und Seele zusammenhalten; sie schieben eine längere Siesta – etwa am Traumstrand von Eraclea Minoa – ein, um nicht nur das gute sizilianische Essen, sondern auch das Erlebnis des grandiosen Tempeltals von Agrigento in Muße zu verdauen.

Erster lohnenswerter Abstecher auf dieser Tour von *Ragusa* (s. S. 46) nach Selinunte ist das Bergstädtchen **Palma di Montechiaro** (22 000 Einw.), das 1637 vom Fürsten *Carlo Tomasi di Lampedusa*, einem Vorfahren des berühmten sizilianischen Schriftstellers (s. S. 46), gegründet wurde. Palazzi flankieren eine Prunktreppe, über der die barocke Pfarrkirche *Chiesa Madre Santa Maria del Rosario* (17./18. Jh.) mit reich dekorierter Fassade, zwei Türmen und fünf Portalen in den Himmel ragt. Dass ausgerechnet die Hauptstraße dieser ehemaligen feudalherrschaftlichen Stadt den Namen *Carlo Marx* trägt, gehört wohl zu den Launen der Geschichte.

Dicht drängen sich die Häuser in Ragusa aneinander

Agrigento: Eingangsportal der Chiesa San Nicola

Concordia-Tempel in Agrigento: das Zeitmaß ist die Ewigkeit

2

Seite 49

2

Seite 51

** Agrigento

Die Provinzhauptstadt (55 000 Einw.) ist wegen des Hafens *Porto Empedocl* ein lebhafter Handelsplatz. Von Siedlern aus Gela 581 v. Chr. als *Akragas* gegründet, nahmen die Bewohner Agrigents 480 v. Chr. in Himera an der Seite der Syrakusaner an der erfolgreichen Schlacht gegen die Karthager teil. Aus dieser Epoche stammen die meisten Tempel, eine monumentale Zierde von Akragas, das der Dichter und Zeitzeuge *Pindar* als die „schönste von den Sterblichen bewohnte Stadt" bezeichnete. Doch das Schicksal schlug auch hier unbarmherzig zu. Was die Karthager bei ihrem nächsten Feldzug vernichteten wurde zwar wieder aufgebaut, im 3. Jh. v. Chr. zogen jedoch die Römer ein und das Ende des Stadtstaates war damit gekommen. Noch schlossen sich eine Reihe wirtschaftlich sehr erfolgreicher Jahrhunderte an, unter den Byzantinern aber begann der unaufhaltsame Verfall. Fortan teilte *Girgenti*, wie die Araber die Stadt nannten, die Geschicke der Insel.

Die * Neustadt

Entlang der Via Atenea

Jeder Rundgang durch die Neustadt wird an der **Piazza Aldo Moro ❶** mit ihren Park-Cafés beginnen und enden. Menschen beobachten, an sich vorbeiziehen lassen, das kann man hier – außer zu den geheiligten Stunden der Siesta – höchst vergnüglich genießen. Die Via Atenea, der Corso der Neustadt, schlängelt sich durch das Häusergewirr bis zur barocken, einschiffigen **Chiesa del Purgatorio ❷**, die den gleichnamigen kleinen Platz mit ihrem reich verzierten Portal dominiert.

Um nicht die mühevolle Direttissima zu nehmen, erklimmt man den Akropolisfelsen am besten in Serpentinen. Also geht es zunächst über die Via Fodera zur **Abtei Santo Spirito ❸**, im 13. Jh. erbaut, in der Barockzeit jedoch

Altes und Neues

Ein stärkerer Kontrast als jener zwischen der Hochhaus-Skyline des modernen Agrigento und den antiken Wunderwerken des Tempeltals lässt sich kaum vorstellen. Kulturtouristen sollten aber nicht die Nasen rümpfen, denn auch die hoch über dem Meer thronende Neustadt mit ihren mittelalterlichen Bauwerken zu Füßen des Akropolisfelsens hat durchaus ihren Reiz. Im Labyrinth der engen und steilen, mit schier unendlich vielen Treppen versehenen Gässchen verstecken sich kleinere Trattorien, verführerische Konditoreien, verfallende Palazzi und Kirchen.

fast vollständig neu errichtet. Ans Mittelalter erinnert noch das Portal und die Fassadenrosette.

Tipp Rechts von dem Kirchenportal findet sich eine unscheinbare Holztüre. Wer hier klopft, dem wird geöffnet und eine der in Klausur lebenden Schwestern wird einem, mit freundlichem Lächeln und ansonsten das Schweigegelübde einhaltend, ein Schälchen köstlicher **pasta di mandorla** verkaufen, Mandelgebäck, das nicht umsonst in den Himmel gelobt wird.

Ihre Anziehungskraft haben sich die Tempel bis heute bewahrt

2

Seite 51

* Cattedrale San Gerlando ❹

Jetzt hält man sich beim Anstieg stets links und erreicht bald die dreischiffige Kathedrale (Via Duomo), ursprünglich ein Normannenbau über einem ehemaligen griechischen Zeus-Tempel. Der Glockenturm stammt aus dem 15. Jh., die Kassettendecke aus der Zeit Karls II. (17. Jh.). Im Presbyterium lässt sich ein origineller akustischer Effekt ausprobieren: jedes am Eingang der Kirche auch nur geflüsterte Wort ist in der Apsis deutlich zu hören.

Beim Abstieg zur Via Atenea kommt man an der **Chiesa Santa Maria dei Greci** ❺ vorbei, die auf den Resten eines dorischen Athena-Tempels aus dem 5. Jh. v. Chr. ruht. Die dreischiffige Basilika ziert ein gotisches Portal, im Vorhof liegen noch Säulentrommeln des antiken Bauvorgängers.

Chiesa Santa Maria dei Greci

2

Seite 51

*** Valle dei Templi

Das „Tempeltal“ legt noch heute Zeugnis von der Größe griechischer Stadtbaukunst ab. Es ist zwischen Hera- und Herakles-Tempel jederzeit (der übrige Teil von 9 Uhr bis 1 Std. vor Sonnenuntergang) zugänglich.

* Hera-Tempel ❻

Den Spaziergang beginnt man am besten beim Höchstliegenden der antiken Bauwerke, dem Hera-Tempel, auch *Tempel der Juno Lacinia* genannt, von dessen ursprünglich 34 Säulen noch 25 in den Himmel ragen. Von seiner beherrschenden Position auf einem Felsvorsprung blickt man in das Tempeltal und – vor allem im Frühjahr – auf ein Blütenmeer in Pastelltönen.

** Concordia-Tempel ❼ und Herakles-Tempel ❽

Vorbei an Befestigungen und in die alten Stadtmauern gehauenen Begräbnishöhlen gelangt man zum besterhaltenen dorischen Tempel Italiens, dem *Concordia-Tempel*. Papst Gregor ließ das antike Heiligtum mit seinen 34 mächtigen Säulen im 6. Jh. zu einer dreischiffigen Kirche umbauen – und rettete es damit unbewusst vor der Zerstörung.

Die Kirche wurde später geschlossen, der Tempel im 19. Jh. restauriert. Imposant erheben sich die verbliebenen acht der einst 38 Säulen inmitten der Ruinen des *Herakles-Tempels* auf einer rechteckigen, dreistufigen Plattform. Ein Erdbeben warf die übrigen Säulen zu Boden, deren Trommeln, soweit sie nicht im Laufe der Jahrhunderte als Baumaterial verschleppt wurden, in einem wilden Garten zwischen Ginster, Mandeln und Agaven überdauern.

Tempel des Olympischen Zeus ❾

Man überquert jetzt die Straße (mit großem Parkplatz, Andenken- und Erfrischungsbuden und einer meist von Touristen überquellenden Bar) und betritt das riesige Ruinenfeld des Tempels des Olympischen Zeus, errichtet von karthagischen Sklaven nach dem glorreichen Sieg bei Himera 480 v. Chr. Karthager waren es auch, die den Tempel keine 80 Jahre später wieder zerstörten.

Neben den Säulen stützten 36 jeweils rund 7,5 m hohe männliche und weibliche Figuren, das Gebälk des Monumentalbaus, die Kopie eines dieser im 19. Jh. wieder zusammengesetzten *Telamonen* oder *Atlanten* (Originalteile im Archäologischen Museum) liegt nun wie ein gefallener Krieger auf einem Schlachtfeld auf dem Boden der ehemaligen Cella.

Schutt und Asche

Zahlreiche Erdbeben gaben dem Zeus-Tempel, dem größten dorischen Tempel der griechischen Welt (57 x 114 m im Fundament) den Rest, so dass, wie Goethe leicht missbilligend feststellte, „alles Gebildete aus diesem Schutthaufen verschwunden ist“. Kein Wunder, denn wie sorg- und verständnislos das Mittelalter der Vergangenheit gegenüberstand, beweist die Tatsache, dass im 15. Jh. die Mole des Hafens von Porto Empedocle einfach mit Steinen des Zeus-Tempels aufgeschüttet wurde.

* Castor-und-Pollux-Tempel ❿

Zwar nur noch aus kargen Resten bestehend avancierte dieser Tempel dennoch zum Werbeträger Siziliens, millionenfach abgebildet: vier dorische, Mitte des 19. Jhs. über Eck wieder aufgerichtete Säulen mit Gebälk, von weißem Stuck überzogen, an dem noch Spuren der einstigen Bemalung zu erkennen sind.

Tipp Im Tempelgebäude selbst sollte man aus Sicherheitsgründen bei Dunkelheit nicht von den Wegen abgehen.

Weitere Sehenswürdigkeiten

***Museo Archeologico Regionale ⓫:** Das Archäologische Museum verfügt über eine umfangreiche Sammlung von Fundstücken aus der Stadt und ihrer Umgebung vom 2. vorchristlichen Jahrtausend bis zu den ersten Jahrhunderten n. Chr. (Contrada S. Nicola, ☎ 09 22 40 15 65, 🕓 tgl. 8.30–12.30 Uhr).

***Chiesa S. Nicola ⓬:** Frühmittelalterlicher romanisch-gotischer Bau der

❶ Piazza Aldo Moro
❷ Chiesa d. Purgatorio
❸ S. Spirito
❹ Cattedrale S. Gerlando
❺ S. Maria d. Greci
❻ Hera-Tempel
❼ Concordia-Tempel
❽ Herakles-Tempel
❾ Tempel des Olympischen Zeus
❿ Castro-und-Pollux-Tempel
⓫ Museo Archeologico Regionale
⓬ S. Nicola

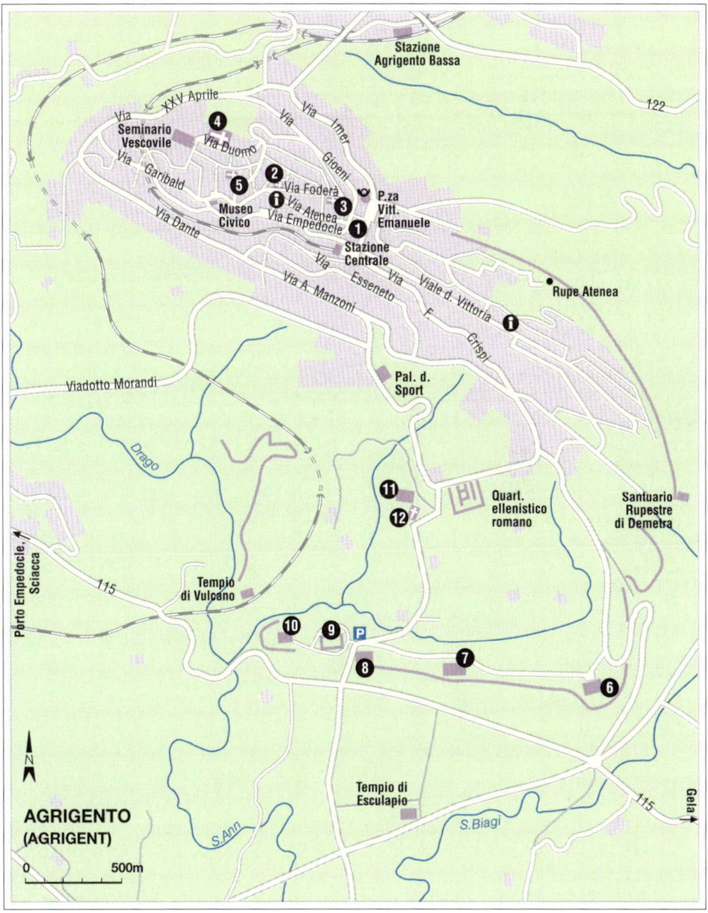

2
Seite 51

Zisterzienser, in dessen Strukturen Teile des Archäologischen Museums einbezogen wurden. In der zweiten Seitenkapelle rechts ist der berühmte * *Phaedra-Sarkophag* zu sehen. Das Relief des Meisterwerkes (2. Jh. n. Chr.) erzählt die tragische Liebesbeziehung der Theseus-Gemahlin Phädra und ihres Stiefsohnes Hippolytos.

Das Geburtshaus des sizilianischen Literatur-Nobelpreisträgers *Luigi Pirandello* (1867–1936), in dem heute das **Pirandello-Museum** eingerichtet ist, findet man im Ortsteil *Kaos* an der Straße nach *Porto Empedocle*. Die liebevoll zusammengetragene Ausstellung informiert über Leben und Werk des Schriftstellers und Dramatikers (Casa di Pirandello, Frazione Villaseta, Contrada Kaos, ☏ 09 22 51 11 02, Mo–Fr 9 Uhr bis 1 Std. vor Sonnenuntergang, Sa/So 9–13 Uhr).

Praktische Hinweise

APT, 92100 Agrigento, Viale della Vittoria 255, ☏ 09 22 40 13 52 oder 09 22 40 13 53, FAX 092 22 51 85.

Villa Athena, Via dei Templi 33, ☏ 09 22 59 62 88, FAX 09 22 40 21 80. In einem Garten ganz nah bei den Göttern des Olymp und deren Tempeln, Luxus einer ehemaligen Fürstenvilla. $$$
Baglio della Luna, Contrada Maddalusa-Valle dei Templi, ☏ 09 22 51 10 61, FAX 09 22 59 88 02. Kleines, sehr feines Hotel in altem Gutshof (13. Jh.). $$$
Tre Torri, Villagio Mosè, ☏ 09 22 60 67 33, FAX 09 22 60 78 39. Nettes, nicht gerade luxuriöses, gut geführtes Haus, Anlaufstelle für Radfahrer (Broschüre mit Radtouren). $$
Kaos, Contrada Pirandello, ☏ 09 22 59 86 22, FAX 09 22 59 87 70. Riesenkasten, traumhafte Meerlage nahe dem Pirandello-Museum. $$
Pirandello Mare, Lido San Leone, Via de Chirico 17, ☏ 09 22 41 23 33, FAX 09 22 41 29 33. 7 km vom Zentrum entfernt, in der Hochsaison, weil im Badeort, recht laut. $$
Belvedere, Via S. Vito, 12, ☏ 092 22 00 51. Das preiswerteste Quartier in der Neustadt. $

Tempelleuchten

Spektakulär und kitschig-schön, wie kein Disneyland-Architekt es sich hätte raffinierter ausdenken können, ist die nächtliche Beleuchtung der Tempel, die man von der Terrasse der Villa Athena, Via dei Templi, am besten bestaunen kann.

⚠ **Internazionale,** Lido San Leone, Via Lacco Ameno 4, ☏ 09 22 41 61 21.

Taverna Mosè, Contr. S. Biagio, ☏ 092 22 67 78. Mo und im Nov. geschl. Frischer Fisch, zubereitet nach alten agrigentinischen Rezepten. $$
L'Ambasciata di Sicilia, Via Gambertoni 2, ☏ 092 22 05 26. Mo und im Nov. geschl. Reichhaltige Vorspeisen, exzellentes Gemüse, guter Fisch, Interieur schaurig-kitschig. $$
Kokalos, Via C. Magazzeni, ☏ 09 22 60 64 27. Landgasthaus mit Garten zwischen Tempeltal und Villaggio Mosè. $
Manhattan, Salita Madonna degli Angeli 9 (erste Gasse rechts von der Via Atenea), ☏ 09 22 59 66 95. Selbstbedienung von einem gut sortierten Buffet warmer und kalter Speisen. $

Von Agrigento nach Selinunte

Rund 25 km nach Agrigento weist ein Schild auf die Abzweigung nach * **Eraclea Minoa** hin, eine Feriensiedlung inmitten eines Pinienhaines an einem kilometerlangen, feinen Sandstrand, an dessen Ende sich in strahlendem Weiß ein 75 m hoher Kalkfelsen aus dem tiefblauen Meer erhebt. Auf dem Plateau über dem Steilabfall thronte die 628 v. Chr. gegründete und bereits im 1. Jh. v. Chr. wieder zerstörte Siedlung, von der noch Reste einer Stadtmauer, hellenistischer und römischer Wohnhäuser sowie eines Amphitheaters erhalten sind. In einem kleinen Antiquarium werden Amphoren, Figuren und andere Funde ausgestellt (◷ tgl. 9 Uhr bis 1 Std. vor Sonnenuntergang). Achtung: Schlangen zwischen den Steinen!

Lido Gabbiano, ☏ 09 22 84 60 35, ganzjährig geöffnet, kein Ruhetag. Gemütliches Strandrestaurant mit umfangreichem Speisenangebot, Umkleidekabinen und Liegestuhl-Verleih. ($)

Giganten aus Stein haben die Jahrhunderte überdauert

Seite 49

* Caltabellotta

Nach 14 km auf der N 115 zweigt rechts eine schmale Straße nach Caltabellotta (8000 Einw.) ab, ein geschichtsträchtiges Bergdorf in schroffer Felsland-

Goethe auf Sizilien

In den Jahren 1765 bis 1831, bis kurz vor seinem Tod, legte Johann Wolfgang von Goethe (1749–1832) auf etwa 180 größeren und kleineren Reisen zu Pferd, im Wagen und zu Fuß insgesamt die für die damaligen Verhältnisse fast unglaubliche Strecke von etwa 40 000 Kilometern zurück. Fast 14 Jahre seines Lebens war der Dichterfürst unterwegs. Die weiteste Strecke, die er von Weimar aus bewältigte, führte ihn bis nach Sizilien. Da ein Besuch Griechenlands zu dieser Zeit aus politischen Gründen nicht möglich war, suchte er in Italien die Spuren der klassischen Antike, machte aber auch zahlreiche naturwissenschaftliche Beobachtungen.

Die Schilderung seiner Reise durch Sizilien, für ihn „Königin der Inseln" und „ein Land von unsagbarer Schönheit", stellt zweifellos den Höhepunkt seiner „Italienischen Reise" dar, die er von September 1786 (Abreise von Karlsbad) bis Juni 1787 unternahm.

Goethe fuhr per Schiff am 29. März 1787 von Neapel ab und landete nach stürmischer Überfahrt, die ihn schwer seekrank machte, am 2. April in Palermo. Sein Begleiter und Führer auf Sizilien war der deutsche Landschaftsmaler Christoph Heinrich Kniep (1755–1825), den er zuvor in Neapel kennengelernt hatte. Am 18. April brach er mit dem Freund zu Pferd zu seiner Reise quer durch die Insel auf. Goethes Weg führte ihn über Alcamo, Castelvetrano, Sciacca, Agrigento, Catania und Taormina nach Messina, wo er sich am 11. Mai nach Neapel einschiffte. Hier blieb er noch bis 3. Juni, ehe er über Rom in seine Heimat zurückkehrte.

2
Seite 49

Das Asyl des Dädalos

Der Sage nach war Caltabellotta Sitz des Königs Kokalos, der den vor Kretas König Minos flüchtenden Dädalos (dem Mann mit den selbst gebastelten Flügeln) gastfreundlich bei sich aufnahm. Als der zornige Minos am Strand von Eraclea Minoa landete, um an Dädalos Rache zu nehmen, ließ Kokalos seinen Amtsbruder kurzerhand in einer Wanne voll siedend heißem Wasser ermorden.

schaft, überragt von den Mauerresten einer arabisch-normannischen Burg. *Qal'at al-Balluth* („Festung der Eichen") nannten die Araber diesen bereits im 2. Jt. v. Chr. besiedelten Ort 950 m über dem Meer. Von der Burg aus eröffnet sich eine herrliche Fernsicht. Die **Chiesa Ss. Salvatore** (aus dem 11. Jh.; Umbauten im 13. Jh.) wartet mit mehreren bemerkenswerten Statuen der Bildhauerfamilie Gagini (16. Jh.) auf. Am westlichen Dorfausgang (Straße nach Sciacca) sind sikulische Felsgräber zu sehen.

Sciacca und Umgebung

In Sciacca (36 000 Einw.) schwitzten bereits die alten Römer in den schwefel- und jodhaltigen Heilquellen. Der Ort hat aber auch so manche kunsthistorischen Schätze zu bieten, wie etwa den **Palazzo Steripinto** (Corso Vittorio Emanuele) mit seiner prächtigen Renaissancefassade, den **Duomo S. Maria Maddalena** (Piazza Don Minzoni), ein normannischer Kirchenbau aus dem 12. Jh., der im 18. Jh. in sizilianischem Barock neu errichtet wurde, sowie die **Chiesa Santa Margherita** (Via F. Incisa) mit gotischem Hauptportal.

*Castello Incantato

Eine Sehenswürdigkeit besonderer Art findet sich rund 3 km nordöstlich von Sciacca, das Castello Incantato, ein wahrhaft verzaubertes Schloss, das von einem Volk aus Stein bewacht wird. *Filippo Bentivegna* (1888–1967) hat sich hier seine grotesken Träume verwirklicht: mehr als 3000 bizarre Köpfe, die er aus Lavagestein formte, leisteten dem Künstler in seiner Einsamkeit Gesellschaft. Dazu baute er ein ebenso ungewöhnliches Haus und grub ein unterirdisches Labyrinth. Dieses Gesamtkunstwerk wird heute von der Stadt verwaltet (☎ 09 25 99 30 44, ◷ tgl. 10.30–13.30 und 16-19.30 Uhr, Änderungen möglich).

Belice-Tal

Die Schnellstraße führt durch eine der fruchtbarsten Landschaften der Insel. Soweit das Auge reicht, werden Wein, Mandeln, Oliven, Orangen, Zitronen und Gemüse angebaut. Aber keine Rose ohne Dornen: das Gebiet gehört zu den seismisch unruhigsten Siziliens. Im Belice-Tal ereignete sich 1968 die letzte große Erdbebenkatastrophe. Zahlreiche Ortschaften, u. a. *Santa Margherita* (samt prächtigem Schloss, Kulisse für den Film „Der Leopard"), wurden ein Opfer der Naturgewalten.

Azienda Autonoma di Turismo, 92019 Sciacca, Corso Vittorio Emanuele 84, ☎ 092 52 11 82 oder 092 58 28 65, FAX 092 58 41 21. **Azienda Regionale Terme di Sciacca** (Kurverwaltung), Via delle Terme, ☎ 092 52 75 77, FAX 092 58 29 04.

Grande Albergo delle Terme, Lungomare delle Terme, ☎ 092 52 31 33, FAX 092 52 17 46. Kurhotel etwas verstaubten Stils. (\$)
Garden, Via Valverde 2, ☎ FAX 092 52 62 99. Gleichfalls nicht ganz taufrisch, aber komfortabel. (\$)
Torre Macauda, Ctr. Torre Macauda (6 km an der N 115 Richtung Agrigento), ☎ 09 25 99 70 00. Ferien-Hotelanlage an Traumsandstrand, zahlreiche Sportmöglichkeiten. (\$)

⚠ **Baia Macauda,** Ctr. S. Giorgio Tranchina (8 km an der N 115 Richtung

Agrigento), ☏ 09 25 99 70 01 (Reservierungen: ☏ 09 16 25 25 64).

Trattoria Al Faro, Via al Porto 25, ☏ 092 52 53 49. So Ruhetag. Urige Hafenkneipe mit wunderbarer einfacher Küche. ($)

** Selinunte

* Marinella di Selinunte

Der Ort (700 Einw.) ist eines der wenigen kleinen Fischerdörfer Siziliens, das aufgrund seines historischen Erbes, einer grandiosen Tempellandschaft, mit einem Massenansturm fertig werden muss. Die westlichste Griechenstadt der Insel wurde 628 v. Chr. gegründet. Nach kurzer Blütezeit wurde sie 409 v. Chr. von den Karthagern zerstört. Mehrere Erdbeben im Mittelalter taten ihr Übriges. Die ersten Ausgrabungen erfolgten im 17./18. Jh., ab 1925 wurden von den 42 Säulen des Tempels C auf der Akropolis zwölf völlig und zwei teilweise wieder aufgerichtet, ab 1956 baute man den Tempel E im östlichen Stadtteil wieder auf.

Eine * **Fischversteigerung** findet an jedem Werktag frühmorgens am Hafen von Marinella statt. Man sollte sich dieses Schauspiel nicht entgehen lassen.

Der ** Archäologische Park

Die gesamte Grabungszone wurde Ende der 80er Jahre zu Europas größtem Archäologischen Park zusammengefasst. Die systematische Erforschung ist jedoch noch lange nicht abgeschlossen (🕓 tgl. von 9 Uhr bis eine Stunde vor Sonnenuntergang).

Der Osthügel

Der Eingang liegt am Osthügel an der Straße von Castelvetrano nach Marinella. Die drei Tempelbauten dürften isoliert in der Landschaft gestanden

Ein schroffer Felsen überragt Caltabellotta

Tempel in Selinunte: Ebenmaß und Formschönheit

Stein nimmt in der Umgebung von Sciacca menschliche Züge an

2

Seite 49

2

Seite 49

haben, denn eine gemeinsame Umfriedung konnte bisher nicht gefunden werden. Im Norden liegt der **Tempel G,** der mächtigste (113 x 54 m) von Selinunte und auch einer der größten der griechischen Antike, um 520 v. Chr. begonnen. Das Heiligtum mit den gewaltigen Ausmaßen war möglicherweise Zeus geweiht. Der mittlere **Tempel F** ist kleiner (66 x 27 m) und schlechter erhalten. Es handelt sich um den ältesten (um 530 v. Chr.) der drei Sakralbauten des Osthügels. Der jüngste dieser Gruppe ist * **Tempel E,** entstanden in reinstem dorischen Stil zwischen 470 und 450 v. Chr. Mit seiner Wiedererrichtung Ende der 50er Jahre kann Selinunte nun das Musterbeispiel eines klassischen Tempels (Ausmaße 70 x 28 m, 38 Säulen von 10,15 m Höhe) bieten. Er dürfte der Hera geweiht gewesen sein. Fünf ** *Metopen* (Reliefs des Gebälks) aus diesem Tempel, die zu den berühmtesten bildlichen Darstellungen der Antike gehören, sind im Archäologischen Museum in Palermo ausgestellt.

Die Akropolis

Die Akropolis liegt auf einem Plateau und wird durch zwei mehr als 8 m breite Hauptstraßen, die einander im rechten Winkel schneiden, in Viertel geteilt, weitere kleinere Straßen kreuzen.

Schlendert man die Ost-West-Achse entlang, erreicht man den * **Tempel C,** den größten (64 x 24 m) und auch ältesten (570–560 v. Chr.) der Akropolis, der das Wahrzeichen von Selinunte ist. Die meisten der ursprünglich 42 Säulen (Höhe: 8,65 m), die sich kontinuierlich verjüngen, liegen wie ein gigantisches Mikado-Spiel kunterbunt über- und untereinander. Reliefmetopen, Reste einer Darstellung des Gorgonenhauptes und der Terrakottaverkleidung dieses Tempels werden im Archäologischen Museum in Palermo ausgestellt. Weiter Richtung Norden kommt man zu den Ruinen des **Tempels D** (um 540 v. Chr.) und zu den beiderseits der Straße liegenden Überresten der von den Karthagern zerstörten Häuser und Läden, ehe man das antike Haupttor in der mächtigen Befestigungsanlage erreicht, die an dieser Stelle noch gut erhalten ist.

Antike Technik

Will man dem Geheimnis und der Faszination dorischer Tempel auf die Spur kommen, muss man nach Sizilien reisen. In Agrigent steht der besterhaltene Tempel, in Segesta ein Rohbau und bei Selinunt schließlich stoßen wir auf einen eindrucksvollen antiken Steinbruch – halb vollendete Säulentrommeln zum Anfassen. Ein Erlebnis ist der Ausflug zu den antiken Steinbrüchen der **Cave di Cusa,** wenige Kilometer südwestlich von Campobello di Mazara.

i Infobüro beim Eingang zum Archäologischen Park (nur zur Hauptsaison).

Garzia, 91020 Marinella di Selinunte, Castelvetrano (TP), Via Pigafetta, ☎ 092 44 60 24, FAX 092 44 61 96. Ganzjährig geöffnet. Strandlage, Familienbetrieb, gute Küche. $$
Alceste, Via Alceste 21, ☎ 092 44 61 84, FAX 092 4461 43. Sympathisches, modernes Haus im Ort. $$
Lido Azzurro, Via Marco Polo 98, ☎ FAX 092 44 62 56. Einfaches Hotel älteren Entstehungsdatums, schöne Meerlage, sauber und preiswert. $
Costa d'Avorio, Via Stazione 10, ☎ 092 44 62 07. Nette Familienpension für schmalere Brieftaschen. $

△ **Athena,** ☎ 092 44 61 32,
Il Maggiolino, ☎ 092 44 60 44, 2 km im Landesinneren.

Villa Miramare, Via Pigafeta, ☎ 092 44 63 00. Schöne Terrasse über dem Meer. Holzofenpizza und Fischspezialitäten. $$
Pierrot, Via Marco Polo 108, ☎ 092 44 62 05. Fisch und Fleisch vom Grill, freitags gibt's Couscous. $$

Route 3

Westküste: ein Hauch von Afrika

** Selinunte – Castelvetrano – Mazara del Vallo – * Marsala – * Insel Mozia – Trapani – * Ägadische Inseln (Isole Egadi) – ** Erice (ca. 80 km)

Nicht nur der heiße Wüstenwind Schirokko, der die Temperaturen innerhalb von Minuten in schweißtreibende Höhen jagt und mit seinen Regenwolken Tonnen bräunlichen Sandes über das Meer trägt, vermittelt in dieser Ecke Siziliens einen Hauch von Afrika. Auch Dialekt, Speisen und die Gesichter der Menschen erinnern daran, dass die Insel kaum mehr als 140 km vom Schwarzen Kontinent trennen.

Die relativ kurze Route lädt zum Bummeln und Genießen ein, für Badefreuden eignen sich die flachen Lagunen zwischen Marsala und Trapani allerdings weniger. Dafür entschädigen eine von der Natur mit üppiger Fruchtbarkeit gesegnete Landschaft schier endloser Weingärten und Gemüsefelder sowie das fischreichste Meer Siziliens, was sich auf den Menükarten der Restaurants und Trattorien angenehm bemerkbar macht. Kunstfreunde kommen auf der Insel Mozia mit ihren sensationellen Grabungsfunden aus punischer Zeit, in der barocken Altstadt und im Archäologischen Museum von Marsala auf ihre Kosten, Romantiker in dem mittelalterlichen Bergstädtchen Erice.

Das reizende Fischerstädtchen Marinella und die imposante Tempellandschaft von Selinunte im Rücken, erreicht man nach etwa 13 km bei Castelvetrano die Autobahn A 29.

Zeugen einer großen Vergangenheit, die nichts von ihrer Anziehungskraft eingebüßt haben

Hafenkanal in Mazara del Vallo: Nur wenige Menschen können vom Fischfang leben

Barocke Üppigkeit und Lebensfreude charakterisieren noch heute die Insel

Seite 59

3

Seite 59

Im **Eno-Agri-Museum der Cantina Montalto** (Contrada Santa Teresa, ausreichende Hinweisschilder, ◷ tgl. 9.30–13 und 14.30 bis 18.30 Uhr) lohnt es, sich mit kulinarischen Mitbringseln (gute Marsala-Weine, Olivenöl, eingelegte Oliven und Artischocken) einzudecken.

Castelvetrano

Das Agrarstädtchen (32 000 Einw.) weist eine schöne Altstadt auf. Rings um die *Piazza Garibaldi* reihen sich Baudenkmäler wie die *Chiesa Madre* (16. Jh.), die ehemalige Kirche *Purgatorio* (18. Jh.; heute Konzertsaal) und das *Rathaus*, in dem bis 1962 die aus dem 5. Jh. v. Chr. stammende Bronzestatue des ****Jünglings von Selinunte** stand. Das Kunstwerk wurde von einer Mafiabande gestohlen, der es erst 13 Jahre später im Verlauf einer Schießerei wieder abgejagt wurde. Heute steht der berühmte Ephebe im Stadtmuseum von Castelvetrano.

*Ss. Trinità di Delia

Rund 4 km westlich von Castelvetrano steht die um 1100 errichtete Normannenkirche Ss. Trinità di Delia, ein eigenwilliger Zentralbau mit drei Apsiden und einer kleinen, von Säulen gestützten Kuppel im arabischen Stil.

APT, 91022 Castelvetrano, Piazza Garibaldi, ☏ 092 44 65 46.

Spätbarockes

Man sollte sich nicht von der hässlichen Peripherie von Castelvetrano abschrecken lassen. Neben den Normannenbauten kann die Stadt mit hübschen spätbarocken Kirchen und Palästen aufwarten. Im Erdgeschoss des ehemaligen Jesuitenkollegs (Piazza del Plebiscito) wurde das **Stadtmuseum** (◷ tgl. außer So 8.30–14 Uhr) mit archäologischen Funden aus römischer Zeit und einer Gemäldesammlung eingerichtet.

Mazara del Vallo

Der Ort (45 000 Einw.) ist einer der größten Fischereihäfen Italiens. Der Hafenkanal des Flusses Mazaro, erst jüngst in der Nähe der Mündung erweitert, dient als Anlegestelle einer bunten Flotte von Fischerbooten, die zumeist von Tunesiern bedient wird. Die Stadt geriet im 9. Jh. in die Hände der Araber, unter deren Herrschaft sie wirtschaftlich aufblühte. Auch die Normannen hinterließen ihre Spuren, so an der malerischen *Piazza della Repubblica* die *Kathedrale* aus dem 11. Jh. Oder die Ruinen des *Kastells* und der *Stadtmauern* sowie die kleine, 1124 erbaute Kirche ***San Nicolò Regale** mit ihren zinnenbekrönten Mauern.

ATP, 91026 Mazara del Vallo, Piazza Santa Veneranda, ☏ 09 23 94 17 27.

Hopps Hotel, Via G. Hopps 29, ☏ 09 23 94 61 33, FAX 09 23 94 60 75. Bestes Haus der Stadt, modern, sauber, in Meernähe. ($)

Trattoria del Pescatore, Via Castelvetrano 191, ☏ 09 23 94 75 80. Mo Ruhetag. Wer die größte Fischereiflotte des Landes vor der Haustür hat, kann wahrlich aus dem Vollen schöpfen. ($)

*Marsala

(80 000 Einw.). Die größte Handels- und Industriestadt der Provinz Trapani wurde im 4. Jh. v. Chr. auf *Kap Lilybaeum* – dem westlichsten Punkt Siziliens – von Phöniziern gegründet, 440 n. Chr. von Vandalen zerstört und von den Arabern im 9. Jh. als *Marsa el-Allah* („Hafen Gottes“) wieder besiedelt. Den Engländern verdankt die Stadt ihre heutige Bedeutung als Zentrum international hochgeschätzter Weine. Als nämlich die Briten durch Napoleon ih-

rer Portweinquellen in Portugal verlustig gingen, kamen sie auf die Idee, in dem von ihnen kontrollierten Westsizilien eine eigene Produktion aufzuziehen. *John Woodhouse* war der Pionier, heute werden die Weine von Firmen wie *Florio* oder *Ingham-Whitaker* – schmackhafte, trockene Sorten – in alle Welt exportiert. Doch die Stadt schrieb nicht nur Weingeschichte: am 11. Mai 1860 landete *Garibaldi* mit seinen „Tausend“ im Hafen von Marsala und begann von hier aus seinen Feldzug zur Einigung Italiens.

Klare Formen prägen die Chiesa San Giovanni in Marsala

* Die Altstadt

Obwohl im Zweiten Weltkrieg von See und Luft schwer bombardiert bewahrte die Altstadt noch ihre mittelalterliche, schachbrettartige Straßenanlage, die auf die ursprüngliche punische Planung zurückgeht. Der *** Dom** auf der *Piazza della Repubblica* ist dem hl. Thomas von Canterbury geweiht und wurde im 17./18. Jh. auf den Über-

Käse für jeden Geschmack

3
Seite 59

resten eines normannischen Bauwerks errichtet. In dem kleinen dahinterliegenden * **Museo degli Arazzi Fiamminghi** werden acht kostbare flämische Wandteppiche aus dem 16. Jh. ausgestellt (🕓 Di–So 9–13 und 16–18 Uhr). Auf der Piazza besticht der elegante *Palazzo Pretorio* aus dem 18. Jh., auch Loggia genannt. In der Via XI Maggio, der alten Hauptstraße, findet man zunächst rechts das *Kloster San Pietro* mit mächtigem Turm und gekachelter Turmhaube (16. Jh.), bevor man zur *Porta Nuova* gelangt, die ein spanischer Adler ziert.

3

Entlang der Uferpromenade

Seite 59

Spaziert man über die Uferpromenade, erreicht man die äußerlich eher schmucklose *Chiesa San Giovanni*, unter der sich die *Grotte der Lilybaeischen Sibylle*, vermutlich eine frühchristliche Taufkapelle mit römischen Mosaiken und Wandmalereien, verbirgt. Nur wenige Schritte sind es bis zum * **Museo Nazionale Lilibeo**, dessen archäologische Sammlung ein 1969 aus dem Schlamm des Hafens von Marsala geborgenes, gut erhaltenes ** *punisches Kriegsschiff* präsentiert. 17 Ruderer taten auf dem 35 m langen Kriegsschiff Dienst, bis es im 3. Jh. v. Chr. vor Mozia sank (🕓 tgl. 9–12.30, Mi/Sa auch 16–18 Uhr).

APT, 91025 Marsala, Via XI Maggio 100, ☎ 09 23 71 40 97.

Motorschiff zu den Ägadischen Inseln: Torrente & Carriglio, Abfahrt und Fahrkartenbüro: Molo Dogana, ☎ 09 23 95 34 34.

President, Via Nino Bixio 1, ☎ 09 23 99 93 33, Fax 09 23 99 91 15. Modern, sachlich, sauber. $
CAP 3000, Via Trapani 161, ☎ 09 23 98 90 55, Fax 09 23 98 96 34. Schöne Hotelanlage mit Parkplätzen und Swimmingpool. $
Villa Favorita, Via Favorita 27, ☎ 09 23 98 91 00, Fax 09 23 98 02 64. Hübsches Gartenhotel mit elegantem Restaurant. $
Garden, Via Grambini 36, ☎ 09 23 98 23 20. Familiär geführtes Haus mit neun Zimmern. $

Capo Lilybeo, Via Boeo 46, ☎ 09 23 71 28 81. Fischspezialitäten, angeschlossene Pizzeria. $
Trattoria La Siciliana, Strada Statale 115, ☎ 09 23 99 71 33. Mi Ruhetag. Bei Einheimischen beliebt. $

* Insel Mozia

Wenn man in Marsala die Hafenstraße Richtung Trapani nimmt, erreicht man nach etwa 7 km die ausgeschilderte Zufahrt zu einem bewachten Parkplatz und zur Fähre auf die idyllische Insel Mozia mit Resten der im 8. Jh. v. Chr. gegründeten, einst mächtigen punischen Stadt **Motya**, die im 4. Jh. v. Chr. von der Syrakusanern zerstört wurde. Das Eiland mit dem heutigen Namen *S. Pantaleo* ist jetzt im Besitz der Stiftung Whitaker, die nicht nur die längst noch nicht abgeschlossenen Ausgrabungen finanziert, sondern auch ein liebevoll eingerichtetes *Museum* unterhält. Prunkstück der Sammlung ist neben anderen kostbaren phönizischen Funden die lebensgroße * **Statue eines karthagischen Priesters**, eine hellenistische Arbeit aus dem 5. Jh. v. Chr., entdeckt im Sand der Lagune (🕓 tgl. 9–13 und 15 Uhr bis Sonnenuntergang). Das Motorboot setzt etwa alle 30 Min. über.

Sonnenuntergänge

An der Küste zwischen Marsala und Trapani lassen sich die schönsten Sonnenuntergänge Siziliens erleben. Es ist ein unvergessliches Schauspiel, wenn das Licht in den Salinenbecken vielfarbig widergespiegelt wird, die Salzberge schneeweiß leuchten und Windmühlen wie Scherenschnitte vor dem blutroten Abendhimmel stehen.

Trapani

Trapani (72 000 Einw.) war einst – dank Salinen und reicher Fischgründe – eine der wohlhabendsten Handelsstädte Siziliens. Heute spielt die Salzgewinnung wirtschaftlich lediglich eine Nebenrolle und auch der Thunfischfang rund um die Ägadischen Inseln ist dramatisch zurückgegangen. Vom Elan früherer Tage blieb wenig übrig, Trapani präsentiert sich nun als etwas verschlafene Provinzhauptstadt, die dennoch einige Sehenswürdigkeiten bietet.

Die verwinkelte Altstadt erstreckt sich auf einer sichelförmigen Landzunge, während die Ebene dahinter von einem modernen Stadtviertel beherrscht wird, das vom Fuß des Monte Erice (751 m) bis zu den Salinen reicht.

* Santuario dell'Annunziata

Die Neustadt kann mit dem bedeutendsten Bauwerk, dem Santuario dell'Annunziata (Via Conte A. Pepoli; ⏲ tgl. 7–12 und 16–19 Uhr), aufwarten. Im 14. Jh. erbaut und 1760 umgestaltet blieb von der ursprünglichen Anlage nur die mit einer Rosette und einem gotischen Portal verzierte Fassade übrig. Im einschiffigen, reich geschmückten Innenraum betritt man hinter dem Hauptaltar die Kapelle der Madonna mit der hoch verehrten **Madonna von Trapani,** dem Werk eines Pisaner Bildhauers des 14. Jhs.

Im angeschlossenen ehemaligen Karmeliterkloster mit einem schönen Kreuzgang aus dem 16./17. Jh. ist das interessante * **Museo Regionale Pepoli** untergebracht. Die reichhaltige Sammlung zeigt u. a. schöne Beispiele traditioneller Korallenverarbeitung (⏲ Mo–Sa 9–13.30 Uhr, Di/Do auch 15 bis 18.30 Uhr, So/Fei 9–12.30 Uhr).

Die Altstadt

Zurück zur Altstadt geht es über die Via Fardella bis zur Piazza Vittorio Emanuele und zum Stadtpark *Villa Margherita*. Dort taucht man in das

Den Wind kann man sich in Marsala zu Nutze machen

Salzberge in Marsala

Ob Fischerboot, Jacht oder Dampfer – der Seeweg ist auf Sizilien selbstverständlich

3
Seite 59

bunte Gassengewirr ein. Im alten jüdischen Viertel liegt der **Palazzo della Giudecca** (Via della Giudecca) aus dem 16. Jh. mit Turm, diamantförmiger Mauerverkleidung, Spitzbogenportal und reich verzierten Fenstern. Auch die **Chiesa Santa Maria del Gesù** (Via Sant'Agostino) stammt aus dem 16. Jh. Sie vereint katalanisch-spätgotische Formen mit Bauprinzipien der Frührenaissance. Vor dem ehemaligen **Rathaus** (17. Jh.) beginnt der *Corso Vittorio Emanuele*, die *La Loggia* genannte Flaniermeile Trapanis. Sie wird flankiert von einem eindrucksvollen Palazzi-Ensemble (17.–19. Jh.) sowie von der hochbarocken **Chiesa del Collegio,** in der man die Mysteriengruppen aufbewahrt, die bei den spektakulären Karfreitagsprozessionen zu sehen sind (🕓 Di 10–12 Uhr, Fr 10–12 und 16 bis 19 Uhr), und der *Kathedrale* (17. Jh.).

3

Seite 59

APT, 91100 Trapani, Piazza Saturno, ☎ 092 32 90 00, Fax 092 32 40 04.

✈ Flughafen Vincenzo Florio-Birgi, ☎ 09 23 84 11 30.
Bahnhof (Piazza Stazione); Verbindung nach Palermo.
Bus *Autolinee Drepanum* (Vita-Calatafimi-Alacmo-Segesta-Palermo), Villa Mokarta, Via Trentacinque 6. *Autoservizi Segesta* (Direktverbindung Trapani-Palermo), Abfahrt von der Piazza Marina.
Schiff Tragflügelboote und Autofähren zu den Ägadischen Inseln: *Alilauro,* Molo Sanità, ☎ Fax 09 23 2 40 73; *Siremar,* Via Ammiraglio Staiti 61, ☎ 09 23 54 05 15, Fax 092 32 06 33. Autofähren nach Pantelleria: *Siremar* (s. o.) und *Traghetti delle Isole,* Via Ammiraglio Staiti 23, ☎ 092 32 24 67, Fax 092 32 11 01.

Crystal, Via S. Giovanni Bosco 17, ☎ 092 32 00 00, Fax 092 32 55 55.
Haus mit allem Komfort. $$
Nuovo Albergo Russo, Via Tintori 4, ☎ 092 32 21 66, Fax 092 32 66 23.
Altstadtlage in Hafennähe, sauber. $
Cavallino Bianco, Lungomare Dante Alighieri, ☎ 092 32 15 49, Fax 09 23 87 30 02. Recht preisgünstig. $
Messina, Corso V. Emanuele 71, ☎ 092 32 11 98. Einfachstpension in der Altstadt. $

Trattoria del Porto, Via Ammiraglio Staiti 45, ☎ 09 23 54 78 22. Mo Ruhetag. Rustikales Hafenlokal mit sizilianisch-tunesischer Küche. $
Cantina Siciliana, Via Giudecca 36, ☎ 092 32 86 73. So Ruhetag.
Bei den Einheimischen sehr beliebtes Lokal, Spezialität Couscous. $

Tipp **Marettimo,** 27 km von Trapani entfernt, ist sehr gebirgig. Wer hier Urlaub macht – es gibt nur Privatzimmer – sucht die Einsamkeit und findet ein Wanderparadies mit hervorragend angelegten Wegen.

* Ägadische Inseln (Isole Egadi)

* Levanzo

Die kleinste und der Küste von Trapani nächstliegende Insel (12 km) besteht nur aus einem winzigen Dorf mit kleinem Hafen. Das Aussteigerparadies kann immerhin mit einer prähistorischen Sensation aufwarten, die immer

Isole Egadi

Zu den Ägadischen Inseln gehören die Eilande Favignana, Levanzo, Marettimo sowie die Klippen Maraone und Formica. Die Inseln waren bereits in der Vorgeschichte besiedelt und in der Antike bekannt. Die Phönizier nutzten sie als Handelsposten, der schließlich nach einer verlorenen Seeschlacht 241 v. Chr. an die Römer fiel. Bis ins 19. Jh. hinein befanden sich die Eilande, dessen Bewohner sich fast ausschließlich vom Fischfang ernährten, in Privatbesitz.

wieder Fremde an die felsigen Gestade zieht: die ** **Grotta del Genovese** mit steinzeitlichen Ritzungen und Zeichnungen. Sie stellen Pferde, Rinder und Hirsche dar sowie eine Szene mit drei tanzenden menschlichen Figuren. Aus einer späteren Epoche, der Bronzezeit, dürften die gemalten, menschenähnlichen Figuren und Fische mit ihren schematisierten geometrischen Formen stammen. Die Grotte kann nur mit Führer per Boot oder auf Eselsrücken erreicht werden (Sig. Castiglione, ☎ 09 23 92 40 32).

* Favignana

Die Hauptinsel des Archipels ist das Ferienparadies schlechthin. Das glasklare, grünblaue Meer lädt an bizarren Steilküsten mit unzähligen geheimnisvollen Grotten und an sanften Sandstränden zu jeder Art von Wassersport ein.

Tipp Da die Insel weitgehend flach ist, kann man sie besonders gut mit dem Fahrrad erkunden (Verleihstellen im Ort).

Im Mai/Juni findet vor Favignana der traditionelle Thunfischfang, die *Mattanza*, statt. Auf jahrhundertelang tradierte Weise werden mit einem komplizierten System ausgelegter Netze die Thunfische gefangen und mit gewaltigen Haken erlegt.

i **Pro Loco,** 91023 Favignana, Piazza Matrice 8, ☎ 09 23 92 16 47.

** Erice

Die Stadt verdankt den heutigen hervorragenden Erhaltungszustand nicht zuletzt ihrer Lage auf einem dreieckigen Plateau des gleichnamigen, seitlich schroff abfallenden Berges (751 m). Ihre Gründung wird sowohl Äneas als auch dem Elymer-König Eryx zugeschrieben, Sohn eines Argonauten und der Aphrodite (röm.: Venus), der seiner göttlichen Mutter hier einen Tempel errichtete. Der Venuskult soll noch viele Jahrhunderte wegen seiner Liebesritu-

Chiesa Matrice in Erice

Die Salinen von Trapani

Die Salzgewinnung südlich von Trapani geht auf die Phönizier zurück. Einst wurden mit dem „weißen Gold" ganz Norditalien, Frankreich, England und Skandinavien beliefert. Auch heute noch werden hier jährlich 200 000 Tonnen Salz „geerntet". Die Voraussetzungen für die Salzgewinnung aus dem Meer sind in diesem Gebiet ideal: die Verdunstungsbecken werden konstant von den Gezeiten versorgt, es gibt keinerlei Süßwasserzuläufe und das Klima ist niederschlagsarm. Bei diesen Bedingungen formt sich innerhalb von 80–100 Tagen an den Beckenwänden eine 6–8 cm dicke Salzschicht, die in der Folge abgelöst und zu Salzbergen aufgehäuft wird. Diese werden zum Schutz vor dem Regen mit Tonziegeln abgedeckt und bilden dann gemeinsam mit den malerischen Windmühlen, die früher zum Abpumpen des Wassers und zum Mahlen des Salzes verwendet wurden, die typische Lagunenlandschaft bei Trapani.

3
Seite 59

ale Männer aus aller Herren Länder magisch angezogen haben. Um den Tempel herum entstanden Burg und Stadt, die Römer, Araber und Normannen zu stolzen Festungen ausbauten. Man betritt die mittelalterliche Stadt durch die *Porta Trapani*, eines der drei normannischen Tore in der Stadtmauer. Links kommt man zur * **Chiesa Matrice.** Sie wurde im späten 14. Jh. zusammen mit dem freistehenden, zinnenbekrönten Glockenturm mit Zwillingsfenstern erbaut.

3

Seite 59

Über den Corso Vittorio Emanuele gelangt man zum *Museo Civico A. Cordici*, das eine sehenswerte archäologische Sammlung, eine Münzenkollektion sowie Gemälde und Skulpturen des 16. und 17. Jhs. präsentiert (Rathaus; Piazza Umberto I.; ⌚ Mo–Sa 8.30 bis 13.30 Uhr, im Sommer auch So 9–12 Uhr). Die *Chiesa S. Giovanni Battista* (Piazza S. Giovanni) bewahrt im Innenraum schöne Renaissanceskulpturen von *Gagini*. Im östlichsten Winkel der Stadt thront das * **Castello di Venere,** eine über der griechischen Akropolis erbaute Normannenfestung, bei der die Reste des Venus-Tempels freigelegt wurden.

AAST, 91016 Erice, Viale Conte A. Pepoli 11, ☎ 09 23 86 93 88.

Elimo, Via Vittorio Emanuele 75, ☎ 09 23 86 93 77, FAX 09 23 86 92 52. Modernes, komfortables Hotel in altem Palazzo im Zentrum. ($)

Edelweiss, Cortile P. Vincenzo 5, ☎ 09 23 86 94 20, FAX 09 23 86 92 52. Einfache, saubere Pension im Zentrum. ($)

Jugendherbergen: C. S. I. (Viale d. Pinete, ☎ 09 23 56 78 88; Juli–Sept.) und **G. Amodeo** (Contrada Raganzili, ☎ 09 23 55 29 64).

Monte San Giuliano, Via San Rocco 7, ☎ 09 23 86 95 95. Mo Ruhetag. Hier gibt es hervorragende Antipasti, frischen Fisch, Couscous. ($)

Route 4

Nordküste 1: rund um die Hauptstadt

**** Erice – ** Segesta – Castellammare del Golfo – Alcamo – Monreale – Mondello – ** Palermo (160 km)**

Auf der abwechslungsreichen Route abseits der Autobahn liegt die großartige Tempellandschaft von Segesta, gefolgt von einem der beliebtesten Ferienorte Siziliens, Castellammare del Golfo. Dann führt die Strecke durch das trotz seiner Kargheit reizvolle Hinterland der Metropole und durch die Berge, die bis in die 50er Jahre dem berüchtigten Banditen Salvatore Giuliano als Schlupfwinkel dienten. Monreale mit seinem Normannendom und dem anschließenden Kreuzgang zählt zweifellos zu den Spitzensehenswürdigkeiten Siziliens, während Mondello, das Seebad vor der Haustüre der Hauptstadt, nostalgischen Charme ausstrahlt. Und dann ist man reif für das aufregende Abenteuer Palermo. Die Tour lässt sich per Auto gut in einem Tag bewältigen.

Von Erice nach Monreale

Man verlässt *Erice* wieder in Richtung *Trapani* und kommt bald zur N 113, die in etwa parallel zur Autobahn A 29 verläuft. Nach 35 km erreicht man das Bauernstädtchen **Calatafimi** (9000 Einw.), das durch den glorreichen Sieg Garibaldis über die bourbonischen Truppen am 15. Mai 1860 in die Geschichte Siziliens eingegangen ist. Ein pompöses *Denkmal* erinnert an diese Schlacht, die das Ende der Bourbonenherrschaft besiegelte. Der Ort, eine Arabergründung *(Kalatal-*

Fimi), wartet mit den Resten einer mittelalterlichen Burg und zwei schönen barocken Kirchen *(Santa Caterina* und *Crocefisso)* auf.

** Segesta

Von Calatafimi aus kann man einen Tempel in der Einsamkeit der weiten Hügellandschaft sehen: Segesta, für viele Sizilien-Kenner das auch wegen seiner einmaligen Lage schönste antike Heiligtum der Insel. Wie der Concordia-Tempel in Agrigento hat es den Jahrtausenden aufrecht getrotzt, aber es wurde – aus welchem Grunde auch immer – niemals vollendet. Ob es überhaupt einem Kult diente, verliert sich ebenfalls im Nebel der Geschichte. Fest steht, dass der vorschriftsmäßig mit 36 Säulen auf gestaffeltem Unterbau ausgestattete dorische Tempel in den Jahren 430–420 v. Chr. von den *Elymern* errichtet wurde, einem Volk, über dessen Herkunft als Nachfahren des Äneas nur spekuliert werden kann, das aber Sitten und Gebräuche, wahrscheinlich auch die Religion der Griechen übernommen hatte. Die einst bedeutende Stadt lag im Dauerstreit mit *Selinunte*, gegen das sie sich mit Athenern und Karthagern verbündete. 307 v. Chr. schlug aber Segesta die Stunde, als die Syrakusaner an den „Verrätern“ bittere Rache nahmen. Un-

Größe, Hoheit und Gleichklang: Tempel in Segesta

Castellammare del Golfo

Das Theater

Das kleine, noch bestens erhaltene hellenistisch-römische Theater von Segesta ist über eine Panoramastraße vom Tempel in 15 Minuten zu erreichen (auch Bus-Service). Es wurde um 200 v. Chr. in eine natürliche Geländeformation am Nordhang des Monte Barbaro (431 m) hineingebaut. Der intime, halbkreisförmige Zuschauerraum hat einen Durchmesser von 63 m. Im Juli und August finden hier – abwechselnd mit Siracusa – alle zwei Jahre Aufführungen klassischer antiker Dramen statt.

4

Seite 65

ter den Römern, denen sich die Opportunisten sogleich als Bundesgenossen antrugen, blühte die Stadt nochmals auf, ehe sie im frühen Mittelalter dem vollständigen Verfall preisgegeben war. Nur mehr spärliche Mauerreste lassen ihre einstige Größe erahnen.

Posto di Ristoro, am Tempel von Segesta, ☏ 09 24 95 11 31. Im Posto di Ristoro gibt es u. a. frisch zubereitete warme Mahlzeiten. Ⓢ

Castellammare del Golfo

Man folgt nun wieder der N 113 bis zur Abzweigung nach Castellammare del Golfo (14 000 Einw.), einem lebhaften Fischerstädtchen am gleichnamigen Golf. Heute bilden die früher unbeachteten, kilometerlangen Sandstrände und attraktiven Klippen um **Cala Bianca** und **Scopello** das größte Kapital des beliebten Ferienortes, in dem man rund um Ferragosto (15. Aug.) nicht einmal mehr eine leere Hundehütte findet.

Al Madarig, Piazza Petrolo 7, ☏ 092 43 35 33, FAX 092 43 37 90. Gute Mittelklasse. Ⓢ

Belvedere Oasi del Golfo, SS 187 km 37, ☏ FAX 092 43 33 30. Tolles Panorama entschädigt für einfache Zimmer. Ⓢ

Torre Bennistra II, 91010 Scopello, Via Natale di Roma 19, ☏ 09 24 54 11 28. Nette Pension mit angeschlossenem preisgünstigen Feinschmecker-Restaurant. Ⓢ

⚠ **Baia di Guidaloca,** Loc. Guidaloca, ☏ 09 24 54 12 62.

Partinico

Über **Alcamo,** eines der wichtigsten landwirtschaftlichen Zentren Westsiziliens, führt die N 113 nun durch das unscheinbare, heruntergekommene Bauernstädtchen Partinico (27 000 Einw.), in den Nachkriegsjahren Herrschaftsgebiet des aus dem rund 10 km entfernten *Montelepre* stammenden Banditen Salvatore Giuliano (s. S. 67).

Monreale

Das kleine Städtchen (25 000 Einw.) oberhalb von Palermo hat einen grandiosen Panoramablick über die Conca d'Oro. Die nur 8 km vom Zentrum der Hauptstadt entfernte Aussichtsterrasse besitzt Weltruhm wegen ihrem 1174 vom Normannenkönig Wilhelm II. begründeten Dom.

Tipp Man sollte Monreale entweder vor oder nach der Siesta besichtigen, weil während der Mittagszeit Dom und Kreuzgang geschlossen sind.

*** Dom Santa Maria la Nuova

Das Bauwerk verdankt seine einheitliche Gestaltung der unglaublich raschen Fertigstellung in knapp 20 Jahren Bauzeit. Schon das Äußere zeigt, dass dieses Gotteshaus architektonisch in vieler Hinsicht aus dem Rahmen fällt: die Schmuckseite liegt nicht an der Vorderfront, auch wenn das Hauptportal mit **Bronzetüren** von Bonannus von Pisa (1186) mit Themen aus dem Alten und Neuen Testament eine Kostbarkeit für sich darstellt. Wenig glücklich agierte das 18. Jh., das der mittelalterlichen Fassade einen klassizistischen **Portikus** voranstellte. Die dekorativsten Elemente aber zieren die **Apsiden,** an denen in islamischer Tradition schwarze und weiße Lava zu einem Teppichmuster aus Stein in einander überschneidenden Spitzbogenarkaden, Rosetten und Friesen verwoben wurden. Der ursprünglich schlichten Nordseite mit Bronzetüren von Barisanus von Trani aus dem 12. Jh. wurde im 16. Jh. ebenfalls ein Portikus angefügt.

Das Hauptportal wird nur zu hohen Festtagen geöffnet; man betritt den Dom durch den Seiteneingang an der Längsfront – und bleibt erst einmal überwältigt stehen. In diffusem Licht schimmert Gold, wohin immer sich der Blick wendet. Jede Wand, jede Wölbung ist über und über mit **Mosaiken** geschmückt, insgesamt sind es 6300 m^2 goldunterlegter bunter Steine, die sich in dem dreischiffigen Langhaus unter einer Balkendecke zusammenfügen (1182 vollendet). Diese in byzantinischer Tradition geschaffenen, ikonographisch vollständigste Bilderfibel des Mittelalters wird von dem übermächtigen **Christus Pantokrator** dominiert: allein die Nase misst 40 cm.

Tipp Wer jedes Mosaik im Detail verstehen will, findet exzellente bebilderte Kirchenführer in deutscher Sprache bei den Andenkenständen rund um den Dom.

*** Chiostro

Gleich neben dem Dom wartet ein weiterer Höhepunkt: der Chiostro im anschließenden ehemaligen Benediktinerkloster. Der romanische Kreuzgang mit seinen 228 Säulen aus Marmor gehört nicht nur unumstritten zu den schönsten Klosteranlagen der Welt, er spiegelt wie kaum ein anderes Monument eine Synthese von Abendland und Morgenland wider.

Der mit einer stilisierten Palme geschmückte Brunnen entspricht der maurischen Tradition der Ausschmückung

Schönheit pur: Monreale

Salvatore Giuliano

Um den aus Montelepre bei Partinico stammenden Banditen ranken sich – zu Unrecht – nach wie vor Heldenlegenden. In Wirklichkeit war Giuliano ein brutaler Mörder, der als Staatsmann auftrat und Sizilien allen Ernstes dem US-Präsidenten *Harry Truman* brieflich als damals 49. Bundesstaat antrug. Natürlich hat er niemals eine Antwort erhalten. Giuliano wurde zum Handlanger der Mafia im Kampf gegen die politische Linke und zögerte 1947 nicht, einen Mai-Aufmarsch in ein Massaker zu verwandeln. Durch Verrat geriet er schließlich 1950 in einen Hinterhalt der Carabinieri und wurde erschossen. Sein prunkvoller Steinsarkophag auf dem Friedhof von Montelepre ist – nicht zuletzt durch den auch verfilmten Mario-Puzo-Roman „Der Sizilianer" – zu einer Pilgerstätte für Besucher aus aller Welt geworden: die Romantisierung eines Banditen.

4
Seite 65

4

Seite 65

Symbolisches

Die ausgesuchtesten Steinmetze des Mittelalters schufen die Kapitelle des Chiostro, von denen keines dem anderen gleicht, voll Kunstfertigkeit und Phantasie. Und es war bisher nicht möglich, alle Geheimnisse der Symbolik von Fabelwesen, heidnischen Göttern sowie biblischen Szenen zu entschlüsseln.

eines Palastgartens um 1900 (🕓 Dom: tgl. 8–12, 15.30–18.30 Uhr; Kreuzgang: tgl. 9–12 Uhr, an manchen Tagen auch nachmittags).

Praktische Hinweise

APT, 90046 Monreale, Piazza Duomo, ☎ 09 16 56 45 70.

Stadtbus Linie 309 oder 389 nach Palermo, Piazza Indipendenza (ca. alle 30 Min.).

Carrubella Park Hotel, Via Umberto I 233, ☎ 09 16 40 21 88, FAX 09 16 40 21 89. Schönes, altes Haus in traumhafter Panoramalage. ($)

La Botte, Contrada Lentizzi, SS 186, 1 km Richtung Pioppo, ☎ 091 41 40 51. Aug. geschl., nur Fr/Sa/So mittags und abends offen. Deftige sizilianische Hausmannskost. ($)
Trattoria di Chiara, loc. San Martino delle Scale, Piazza Padre Semeria 4, ☎ 091 41 81 03. Schmuckloses Lokal mit guter Küche; mit eigener Bäckerei. ($)

Mondello

Jetzt hilft nichts mehr, die Umfahrung von Palermo, von ständigem Verkehrsinfarkt betroffen, bleibt einem auf dem Weg nach Mondello nicht erspart. Das mondäne Seebad erstreckt sich entlang einer malerischen Bucht mit schönem, weißem Sandstrand zwischen dem **Monte Gallo** (561 m) und dem * **Monte Pellegrino** (606 m; s. S. 32). Jugendstilvillen, Pavillons und Badeanstalten aus der Zeit um 1900 geben dem alten Fischerort nostalgisches Gepräge.

An Wochentagen recht ruhig (außer im August) scheint sich an den Wochenenden ganz Palermo hier ein Stelldichein zu geben. Wer beobachten will, wie Sizilianer ihre Freizeit verbringen, der kann an der Strandpromenade ein stundenlanges Schauspiel erleben.

Das kulinarische Angebot ist groß und reicht von Straßenständen mit frischen Austern und anderen köstlichen Meeresfrüchten über kleine Trattorien bis zu Luxusrestaurants.

Mehrere Stadtbus-Linien nach Palermo, bis 21 Uhr in kurzen Intervallen.

Mondello Palace, 90151 Palermo-Mondello, Viale Principe di Scalea, ☎ 091 45 00 01, FAX 091 45 06 57. Modernes Haus mit allem erdenklichen Luxus, gutes Restaurant. ($$)
Conchiglia d'Oro, Viale Cloe 9, ☎ FAX 091 45 03 59. Gehobene Mittelklasse, eigener Strand. ($)
Villa Esperia, Via Margherita di Savoia 53, ☎ FAX 09 16 84 07 17. Kleines charmantes Hotel in Meereshöhe. Renovierte Jugendstilvilla. ($)

Charleston Le Terrazze, Viale Regina Elena, ☎ 091 45 01 71. Von Okt. bis Mai geschl. Sommerresidenz des gleichnamigen eleganten Stadtlokals in Palermo. ($$)
Bye Bye Blues, Via del Garolfalo 23, ☎ 09 16 84 14 15. Mo Ruhetag, nur abends. Eines der besten Lokale weit und breit. ($)
Il Delfino, 90148 Palermo/Sferacavallo, ☎ 091 53 02 82. Mo Ruhetag. Fischspezialitäten zu günstigen Preisen. ($)

Route 5

Nordküste 2: Kirchen, Klippen und Keramiken

Steinerne Bewohner der Villa Palagonia

**** Palermo – Bagheria – ** Cefalù – * Santo Stefano di Camastra – * Tindari – Milazzo – * Messina (240 km)**

Das Tyrrhenische Meer begleitet diese Route entlang der Nordküste. Abwechslungsreich wie die Landschaft sind auch die Sehenswürdigkeiten – von barocken Villen über einen prächtigen Normannendom bis zu antiken Ausgrabungen und modernen Landschaftsskulpturen. Und Souvenirjäger verführt in Santo Stefano di Camastra das zweite große Keramikzentrum der Insel zu einem längeren Einkaufsbummel.

Kapitelle zum schauenden Lesen in Monreale

5

Seite 71

Von Palermo nach Cefalù

Bagheria

Erste Station auf unserer Route, für die man zwei Tage einplanen sollte, ist Bagheria (48 000 Einw.). 62 Groteskfiguren aus Stein zieren die Mauern und Balustraden der barocken **Villa Palagonia** (1715). Der einst fürstliche Sommersitz ist heute nur mehr ein heruntergekommenes Abbild ehemaligen Glanzes inmitten eines der schäbigsten Slumviertel Siziliens.

Nicht viel gnädiger war das Schicksal den anderen Palästen, von denen die **Villa Valguarnera** (1721) mit ihrem prunkvollen runden Portikus zu den architektonisch wichtigsten zählt.

Strand und Altstadt von Cefalù

Solus (Solunto)

Von der Karthagerkolonie (5. Jh. v. Chr.) und späteren griechisch-römischen Ansiedlung sind u. a. die Ruinen eines römischen Hauses mit sechs Säulen, Gebälk und Fußbodenmosaiken übrig geblieben. Was an Funden wertvoll war, wird vom Archäologischen Museum in Palermo gehütet.

Termini Imerese

Am Fuße des Monte San Calogero (1326 m) liegt das bereits in der Antike besuchte Thermalbad (27 000 Einw.), dessen würzige Seeluft durch ein nahes Industriegebiet arg beeinträchtigt wird. Die alte Oberstadt wartet mit einigen bemerkenswerten Renaissance- und Barockkirchen auf. Gegenüber dem **Dom** (18. Jh.) präsentiert das **Stadtmuseum** Funde aus der griechischen Stadt *Himera*, die durch den Sieg über die Karthager 480 v. Chr. in die Geschichte eingegangen ist.

Seite 71

** Cefalù

Eines der beliebtesten Meerbäder Siziliens ist Cefalù (14 000 Einw.). Die bezaubernde Altstadt mit ihrem pittoresken kleinen Fischerhafen liegt unter einem mächtigen Kalkfelsen, der – die Griechen nannten ihn *Kephalos* („Kopf“) – dem Städtchen den Namen gegeben hat.

Der *Corso Ruggero*, die Haupt-Flaniermeile, von der aus enge, arabisch anmutende Gässchen wie dünne Adern das Herz dieses an Atmosphäre reichen Ortes durchziehen, führt direkt zum ** **Normannendom,** der nach jahrelangen Restaurierungsarbeiten wieder annähernd in den Originalzustand versetzt wurde. Auf der *Piazza Duomo* kann man die beeindruckende Kathedrale, ihre gedrungenen Doppeltürme, den dreibogigen Portikus und das grandiose Mittelportal am besten und in aller Ruhe bewundern, ehe der Altstadtbummel mit einem Besuch der *Arabischen Wäscherei* in der Via Vittorio Emanuele, einem noch im 20. Jh. benutzten öffentlichen Waschplatz, und des kleinen, aber feinen * **Museo**

Der Normannendom

Eher kalt muten nach der Generalsäuberung des 1131 unter Roger II. begonnenen Bauwerks die 16 antiken Säulen mit römischen und byzantinischen Kapitellen sowie arabischen Mandelbögen an, die den gewaltigen Innenraum in drei Schiffe teilen. Die byzantinischen Mosaiken in Chor und Apsis, im Zentrum ein segnender Christus Pantokrator, gelten als die schönsten und perfektesten Meisterwerke dieser Art auf Sizilien.

Communale Mandralisca (Via Mandralisca 13, ☏ 092 12 15 47, ⌚ tgl. 9.30 bis 12.30 und 16–18 Uhr, im Sommer länger) fortgesetzt wird. Seine Sammlungen beinhaltet u. a. als Glanzstück das berühmte „Bildnis eines Unbekannten“ von *Antonello da Messina* (1470).

Edle Bauformen: der Normannendom in Cefalù

AAST, 90015 Cefalù, Corso Ruggero 77, ☏ 09 21 42 10 50, FAX 09 21 42 23 86.

Baia del Capitano, Loc. Mazzaforno, ☏ 09 21 42 00 05, FAX 09 21 42 01 63. Komfortable Hotelanlage im Grünen. $$
Kalura, Loc. Caldura, Via Vincenzo Cavallaro 13, ☏ 09 21 42 13 54, FAX 09 21 42 31 22. Am Capo Caldura. $$
Paradiso Club, Via dei Mulini 18, ☏ 09 21 42 39 00, FAX 09 21 42 39 90. Moderne Hotelanlage oberhalb der Stadt, Hotelbus zum Strand. $$
La Giara, Via Veterani 40 (in der Altstadt), ☏ FAX 09 21 42 25 18. Kleines, einfaches Hotel mit gutem Restaurant. $$

Maritime Farbsymphonie

Lo Scoglio Ubriaco, Via C. Ortolani di Bordonaro 2–4, ☏ 092 14 33 70. Di Ruhetag. Pizze, Spaghetti und Fisch zu vernünftigen Preisen. $$
Kentia, Via Nicola Botta 15, ☏ 09 21 42 38 01. Mo geschl. Kleiner Innenhof. Im Frühjahr werden als Spezialität Artischocken serviert. $

5
Seite 71

Von Cefalù nach Milazzo

Wenige Kilometer nach dem kleinen Fischerort **Castel di Tusa** ragt am Strand eine 20 m hohe Skulptur in den Himmel, die auf den ersten Blick wie ein überdimensionierter Fensterrahmen aussieht. Es handelt sich um ein Werk des italienischen Künstlers Tano Festa mit dem Titel „Monument für einen toten Dichter" und ist Teil des riesigen Freilichtmuseums moderner Kunst *Fiumara d'Arte*. Initiator ist der Sizilianer *Antonio Presti*.

Als Gesamtkunstwerk gibt sich auch Prestis originelles **Atelier sul Mare** (98079 Castel di Tusa, Via C. Battisti 4, ☎ 09 21 33 42 95, 📠 09 21 33 42 83), ein Hotel, in dem jedes Zimmer von einem anderen Künstler gestaltet wurde.

Freunde der Keramik kommen in ***Santo Stefano di Camastra** auf ihre Kosten. Der ganze Ort, so scheint es, ist ein einziger Keramikladen.

5

Seite 71

*Tindari

Man fährt durch hübsche Badeorte mit weiten Stränden: Marina di Caronia, Acquedolci, Capo d'Orlando, Gioiosa Marea und Patti, zu dessen Gemeindegebiet der Felsen von Tindari gehört, auf dem sich die in den 50er bis 70er Jahren errichtete **Wallfahrtskirche der Schwarzen Madonna** erhebt. Kein architektonisches Meisterwerk, doch Ausdruck sizilianischer Gläubigkeit.

Und wieder Antikes

Die archäologische Zone von Tindari bewahrt den besterhaltenen antiken Stadtwall Siziliens, Reste einer Römervilla mit Fußbodenmosaiken, ein sogenanntes römisches Gymnasium mit mächtigen steinernen Torbögen und ein kleines, intimes Amphitheater, von dem aus man bei klarem Wetter deutlich die Inseln Vulcano und Lipari sehen kann.

Milazzo (32 000 Einw.) ist Ausgangspunkt für Fähren und Tragflügelboote zu den *Liparischen Inseln*.

** Liparische Inseln (Isole Eolie)

Aus dem Feuer der Erde geboren, gebettet in kristallklares Wasser, umbraust von den Kräften des Windgottes Aiolos sind die sieben Vulkan-Eilande, eine eigene kleine Welt mit unverwechselbaren Charakteristika. Filicudi und Alicudi liegen abseits im Westen.

AAST Lipari, Corso V. Emanuele 202, ☎ 09 09 88 00 95, 📠 09 09 81 11 90. **Centro Servizi al Turismo,** Via Maurolico 17, ☎ 09 09 81 35 42, 📠 09 09 81 35 46.

Lipari

Die Hauptinsel (37,6 km^2) mit perfekter touristischer Infrastruktur bietet neben zahlreichen, allerdings nicht immer leicht zugänglichen Bademöglichkeiten in versteckten Buchten im ***Archäologischen Museum** auf dem Burgberg (🕓 Mo–Sa 9–14, 15–19 Uhr, So/Fei 9–13, 15–19 Uhr) kostbare Funde aus griechisch-römischer Zeit.

Vulcano

Die Insel (81 km^2) mit ihrem 391 m hohen Großen Krater lässt hautnah spüren, welche Feuerkraft hier noch in der Erde steckt. In einer völlig naturbelassenen Anlage lädt ein Tümpel aus sich ständig erneuerndem Schwefelschlamm zu heilendem Bade ein. Daneben dampfen Thermalquellen.

Salina

Das grüne Herz der Äolen (26,8 km^2) ist eine Bauerninsel mit sanftem Tourismus. Köstliche Kapern und der süße, sonnendurchglühte Malvasia-Wein zählen zu den Spezialitäten des zum Großteil unter Naturschutz stehenden Eilands, das zu vielen Wandermöglichkeiten einlädt.

Panarea

Die Insel (3,4 km²) gehört den Oberen Zehntausend Italiens, die im Hochsommer ihre prächtigen Villen bewohnen. Tagesbesucher zieht es vor allem zu den prähistorischen Ausgrabungen von **Capo Milazzese.**

An der Bimssteinküste von Lipari

** Stromboli

Stromboli (12,6 km²) besitzt den aktivsten Vulkan des Mittelmeers mit durchschnittlich drei bis vier Ausbrüchen pro Stunde sowie weite Strände mit weichem, schwarzem Lavasand. Zur Besichtigung des Feuerzaubers empfehlen sich eine nächtliche Vulkanbesteigung (924 m; unbedingt mit Führer!) oder eine Bootsfahrt.

Tipp Spannend und informativ, aber völlig ungefährlich ist die Online-Besteigung des Stromboli im Internet: http://www.ezinfo.ethz.ch/volcano/stromblihom e.html

Strombolis Vulkan ist der aktivste im Mittelmeergebiet

5

Seite 71

Außer Spesen nichts gewesen

Es hätte ein Jahrhundertprojekt werden sollen, geriet aber zum totalen Flop: obwohl bereits Milliardenbeträge für die Vorbereitungen ausgegeben wurden und verfeindete Mafiafamilien sich um einen möglichst fetten Anteil an dem Geldkuchen blutige Kämpfe geliefert hatten, wurden 1994 die Pläne für den Bau einer Brücke über die Meeresenge von Messina ad acta gelegt. Die Überbrückung des knapp 5 km breiten „stretto", wie die schon zu Homers Zeiten aufgrund ihrer starken Strömungen und Strudel gefürchtete Meerenge von den Italienern genannt wird, beschäftigt bereits seit 1934 Ingenieurgehirne. Alle Entwürfe scheiterten jedoch nicht zuletzt an der Tatsache, dass die Pfeiler in einem tektonisch äußerst unruhigen Boden verankert werden müssten und eine Hängebrücke, wie zuletzt geplant, bei stärkeren Winden so weit schwingen würde, dass eine Sperre unumgänglich wäre. Dass es wohl auch in nächster Zukunft keine Verbindung zum Festland geben wird, ist letztlich auch den Sizilianern recht, sind sie doch mit Leib und Seele Insulaner und wissen gerne die gefährlichen Seeungeheuer Skylla und Charybdis zwischen sich und dem Kontinent.

* Messina

(240 000 Einw.). Am 28. Dezember 1908 legte ein verheerendes Erdbeben die Stadt in Schutt und Asche, 60 000 Menschen starben. Mit ungeheurer Zähigkeit baute man die Stadt neu auf, die normannische Kathedrale wurde stilgetreu rekonstruiert. Einige Bombennächte des Zweiten Weltkriegs genügten, um Messina erneut zu zerstören. Der Dom wurde wieder aufgebaut – doch kein Wunder, dass von der einstigen antiken und barocken Pracht kaum etwas übrig geblieben ist.

Vom 1160 unter Roger II. begonnenen Ursprungsbau des ***Doms** haben nur bunte Marmor-Zierstreifen am unteren Teil der Fassade, ein Fenster und das hochgotische Mittelportal die Katastrophen überdauert. Ein schönes Beispiel manieristischer Skulptur ist der ***Orionsbrunnen** am Domplatz (1547).

Natur- und Kriegsgewalt hat nur die kleine Normannenkirche ***Ss. Annunziata dei Catalani** überstanden, ein Bau aus der 2. Hälfte des 12. Jhs. Vorbei am *Neptunbrunnen* führt der Weg entlang der von der Statue der sog. Briefmadonna beherrschten Hafenbucht zum ***Museo Regionale** (Viale della Libertà 465, ⏲ Mo–Sa 9–14, Di/Do/Sa auch 16–19 Uhr, So/Fei 9–13 Uhr), das einen ** *Flügelaltar* von Antonello da Messina und zwei Bilder Caravaggios hütet.

5

Seite 71

APT, 98100 Messina, Via Calabria, Isolato 301/bis, ☎ 090 67 53 56, ℻ 090 60 10 05.

Europa Palace, Loc. Pistunina, S.S. 114, ☎ 090 62 16 01, ℻ 090 62 17 68. Luxusherberge an der ionischen Küste. ($$)

Panoramic, Loc. Colle San Rizzo, S. S. 113, ☎ 090 34 02 28, ℻ 09 04 25 20. Der Name trügt nicht: Traumlage. ($$)

Al Padrino, Via Santa Cecilia 54, ☎ 09 02 92 10 00. So Ruhetag. Hier gibt es u. a. Stockfisch, der köstlich zubereitet wird. ($)

Route 6

Nordostküste: Kunst und Natur am Ionischen Meer

*** Messina – * Savoca – ** Taormina – Giardini Naxos – * Acireale – ** Catania (100 km)**

Wo im 8. Jh. v. Chr. die ersten Griechen auf Trinacria landeten, lassen sich heute gerne Sizilien-Urlauber für die kostbarsten Wochen des Jahres nieder: Taormina und seine Strandorte Giardini Naxos und Letojanni gehören zu den meistbesuchten Touristenzielen der Insel und auch Rundreisende gönnen sich hier einige Tage Verschnaufpause. Das Gebiet eignet sich ideal für längere Aufenthalte und als Ausgangspunkt für ein- oder mehrtägige Ausflüge. Nur mit dem Auto zu erreichen sind das Bergstädtchen Savoca mit seinen Mumien oder die einsame Normannenkirche Ss. Pietro e Paolo. Die vielleicht allzu perfekte touristische Infrastruktur an der Küste steht in reizvollem Kontrast zur Unberührtheit des kargen Hinterlandes der Peloritani-Berge.

Von Messina nach Savoca

Wahre Genießer nehmen die Nationalstraße N 114, um jederzeit für kurze Besichtigungen und kleine Seitensprünge ins Landesinnere bereit zu sein. Nach 17 km taucht das Städtchen **Scaletta Zanclea** (2800 Einw.) auf, über der ein mächtiges, im 13. Jh. von Friedrich II. errichtetes *Kastell* thront. Es wurde beim verheerenden Erdbeben von Messina 1908 schwer beschädigt, die erhalten gebliebenen Burgteile hat man in den 70er Jahren restauriert und zur Heimstätte eines kleinen lokalen Museums gemacht.

Itala

Nach weiteren 3 km zweigt rechts die Straße zu dem Bergdorf Itala (1700 Einw.) am Hang des *Monte Scuderi* ab. Seine Sehenswürdigkeit ist die Normannenkirche **San Pietro,** 1093 für den Orden der Basilianer erbaut. Die Fassade schmücken Blendarkaden und ein spitzbogiges Portal, die Seitenschiffmauern des mit drei Apsiden versehenen, gut erhaltenen Gotteshauses sind mit verschränkten Blendbogenfriesen kunstvoll gestaltet.

Gemächlich geht auch das Leben der Fischer auf Lipari zu

Ali Terme und Ali Superiore

Ali Terme (2500 Einw.) ist ein bei sizilianischen Patienten beliebter Kurort mit zwei Thermalquellen, die Linderung bei Atemwegsentzündungen, Frauenleiden und Hautkrankheiten versprechen. 6 km oberhalb des Ortes liegt *Ali Superiore* mit der monumentalen Spätrenaissancekirche Santa Agata, die ein kostbares geschnitztes Chorgestühl (um 1700) birgt.

Terme Granata Cassibile, 98021 Ali Terme, Via Crispi 1/13, ☏ 09 42 71 50 29. Einfaches Haus mit Restaurant, Thermalbädern. (S)

Eine biblische Landschaft umgibt Ali

Nizza di Sicilia

Der Ort (3700 Einw.) hat mit der berühmten Stadt an der Côte d'Azur nur den Namen gemeinsam, der sich allerdings von dem Fluss *Nisi* (heute *Fiumedinisi*) ableitet. Vom Mittelalter, in dem das Städtchen eine wirtschaftlich blühende Gemeinde war, sind nur noch vereinzelte Spuren vorhanden, etwa die Reste des **Castello d'Alcontres** (Mitte 15. Jh.). Wenn auch die Bevölkerung heute keineswegs wohlhabend ist, so lässt sie sich ihre prunkvollen *Heiligenfeste* (19. März, 15. Aug., 8. Dez.) nicht entgehen, zu denen Besucher aus ganz Sizilien kommen.

Schaurig: die Katakomben von Savoca

6

Seite 77

*Savoca

Im historischen Viertel des malerischen Bergdorfes, das unterhalb der Ruine einer Normannenburg liegt, fallen ein spitzbogiges **Stadttor** (14. Jh.), ein Haus mit Doppelbogenfenster aus dem 15. Jh. und die Renaissancekirche **Chiesa Madre** (1250) ins Auge.

Unterhalb der ehemaligen **Klosterkirche der Kapuziner** (das restaurierte Gebäude dient heute als katholisches Zentrum) liegen die Mumien von mehr als einem Dutzend *nobili*, Angehörigen des Adels und der Geistlichkeit (🕓 im Winter 9–12, 15–17 Uhr, im Sommer 9–13, 16–19 Uhr; Mo geschl.).

Wer sich dann von den Schrecken des Todes erholen will, kann sich in der mit allerlei altem Hausrat und Kunstgewerbe reich geschmückten *Bar Vitelli* am Hauptplatz stärken.

La Pineta, 98038 Savoca, Via Pineta 3, ☎ 09 42 76 10 94. Mi Ruhetag. Spezialitätenrestaurant mit herrlicher Aussicht von der Terrasse. $

Marlons Vermächtnis

Savoca war Schauplatz der Dreharbeiten für eine Reihe von Szenen des Mafiafilms „Der Pate". Entweder hat der Ort eine so kluge Bevölkerung oder einen so kunstsinnigen Paten, Tatsache ist jedenfalls, dass das Geld, das aus der Hollywood-Produktion nach Savoca floss, für die Renovierung des Ortes verwendet wurde.

6
Seite 77

*Chiesa SS. Pietro e Paulo

Kurz nach der Ortschaft **Casalvecchio Siculo** führt linker Hand (Schild nicht gut sichtbar!) ein eher abenteuerliches Sträßchen hinab in das Tal des Flusses *Agrò* zu der inmitten von Zitrushainen liegenden Chiesa Ss. Pietro e Paulo. Die zu einem ehemaligen, verfallenen Basilianerkloster gehörende Kirche ist ein architektonisches Juwel (1171/72). Das gut erhaltene, erst in jüngster Zeit restaurierte Gebäude mit zinnenbekrönten Außenmauern und ineinander verschränkten Blendbogenarkaden besticht durch sein verschiedenfarbiges Baumaterial – rote Terrakotta, schwarze Lava, weißer Kalkstein. Der Innenraum wird durch hohe Spitzbogen in drei Schiffe getrennt (Schlüssel gegen Trinkgeld beim Bauernhof nebenan).

Letojanni

Um zur N 114 zurückzukehren, gibt es zwei Möglichkeiten: Entweder nimmt man wieder den Weg über *Savoca* oder man wagt eine Flussüberquerung nach *Scifi*, was allerdings nur im Sommer ratsam ist, wenn es lange nicht geregnet hat. Die Nationalstraße führt nun über das *Capo Sant'Alessio* nach Letojanni (3000 Einw.), einem fröhlichen Seebad mit schönen Stränden.

Park Hotel Lido Silemi, 98037 Letojanni, Via Silemi 1, ☎ 094 23 62 28, 📠 09 42 65 20 94. Komfortables Strandhotel in ruhiger Lage etwas außerhalb des Ortskerns. $$
Da Peppe, Via Vittorio Emanuele 345, ☎ 094 23 61 59, 📠 094 23 68 43. Gemütliche Pension eines Künstlers der Küche und des Pinsels, ausgezeichnetes Restaurant (im Sommer am Strand); der Wirt veranstaltet kulinarische Bootsausflüge. $$

⚠ **Eurocamping Marmaruca,** Loc. Marmaruca, Via IV Novembre, ☎ 094 23 66 76;
Paradise International Camping, Loc. Melianò, ☎ 094 23 63 06.

Il Corsaro, Via Silemi 39, ☎ 094 23 65 70. Mi Ruhetag. Meeresspezialitäten. $$
Da Marco, Via Nazionale 3, ☎ 094 23 63 37. Sizilianische Küche mit internationalem Einschlag. $$

Café-Konditorei Niny-Bar am Hauptplatz mit süßen Köstlichkeiten, vor allem der besten *granita* im weiten Umkreis.

** Taormina

Die Urzelle und Aushängeschild des Tourismus auf Sizilien (11 000 Einw.) ist weltberühmt wegen seiner herrlichen Panoramalage auf einer Terrasse des *Monte Tauro* 200 m über dem Meer – und wegen seines milden Klimas. Schon im 19. Jh. war der malerische Ort bevorzugtes Ziel gekrönter Häupter. Heute sieht sich der einstige Nobelort, der verzweifelt um seinen Ruf als elegante Ausnahmeerscheinung kämpft, zwischen Ostern und Oktober einem Massenansturm gegenüber, dem er verkehrsmäßig nicht gewachsen ist.

In der Antike hieß die Stadt *Tauromenion.* Ab 215 v. Chr. hatten die Römer das Sagen, unter den Byzantinern war Taormina Zentrum des byzantinischen Sizilien, bis dieses 902 von den Arabern geplündert und zerstört wurde.

Von der Bergstation der Seilbahn oder vom Busbahnhof betritt man den *Corso Umberto,* die rund 800 m lange Flaniermeile der Stadt (Fußgängerzone), durch die **Porta Messina.** Nach wenigen Metern erhebt sich auf der *Piazza Vittorio Emanuele,* dem *Forum* der Antike, rechter Hand der ***Palazzo Corvaia** (1410) mit einem Tor sowie Dreifach- und Doppelbogenfenstern im gotisch-katalanischen Stil, errichtet um einen Turm aus arabischer Zeit (10. Jh.).

Das *** Griechisch-Römische Theater

Über die *Via Teatro Greco* geht es zum Griechisch-Römischen Theater (◷ tgl. 9 Uhr bis 1 Std. vor Sonnenuntergang), dem bedeutendsten antiken Bauwerk Taorminas. Es ist mehr ein römisches denn ein griechisches Theater, von dem nur noch Reste vorhanden sind. Die Römer bauten im 2. Jh. v. Chr.

6
Seite 77

Kaisertheater

Ein weiteres, allerdings vergleichsweise winziges antikes Theater lässt sich hinter der Chiesa Santa Caterina entdecken, das **Odeon** aus römischer Kaiserzeit, das etwa 200 Besuchern Platz bot. **Naumacchia** nennt sich ein ebenfalls aus der Kaiserzeit stammendes, 122 m langes Ziegelbauwerk mit großen und kleinen Bogennischen.

auf den rund 100 Jahre älteren Mauern aus hellenistischer Zeit auf. Ein zweiter römischer Umbau drei Jahrhunderte später führte zu einer Erweiterung des Auditoriums nach oben hin. In dem Zuschauerraum fanden bis zu 30 000 Menschen Platz. Heute findet hier zwischen Juni und September ein Kulturfestival *(Taormina Arte)* statt.

Entlang dem Corso Umberto

Zurück über den Corso gelangt man auf die * **Piazza IX Aprile,** das Belvedere Taorminas, ein Aussichtsplatz wie kein zweiter. Hier eröffnen sich Blicke auf das blitzblaue Meer, den Ätna und auf den *Monte Tauro* (398 m) mit den Resten eines arabischen Kastells.

6

Seite 77

Durch die *Porta di Mezzo* mit ihrem Uhrturm, die den Platz harmonisch abschließt, betritt man den ältesten Teil der Stadt. Nördlich der Piazza del Duomo steht die zinnenbekrönte **Badia Vecchia,** eine imposante Palastruine des 14. Jhs., die über einem geometrischen Bandfries schöne Zwillingsfenster aufweist. Der **Dom San Nicolò,** ein Werk des 13. Jhs. mit späteren Umbauten, bewahrt in seiner dreischiffigen Basilika u. a. Gemälde des 15. Jhs. von *Antonio Giuffrè,* einem Maler aus Messina.

Wenn man bei der *Porta Catania* das Ende des Corso erreicht, zweigt linker Hand ein Gässchen zum **Palazzo Duca di Santo Stefano** ab, einem interessanten Beispiel sizilianischer Baukunst des 14./15. Jhs. Links vom Domplatz geht es zum ehemaligen **Kloster San Domenico** aus dem 16. Jh., das im Zweiten Weltkrieg durch Bomben schwer beschädigt wurde, weil sich darin das Hauptquartier der deutschen Generalität befand. Das Gebäude wurde dann in ein *Luxushotel* umgewandelt und ist heute eine Oase der Stille.

Praktische Hinweise

AAST, 98039 Taormina, Palazzo Corvaia, ☎ 094 22 32 43, Taormina Arte Festival, Via Pirandello 31, ☎ 094 22 11 42, Fax 094 22 33 48.

San Domenico Palace, Piazza S. Domenico 5, ☎ 094 22 37 01, Fax 09 42 62 55 06. Einzigartiges Ambiente, absolute Luxuskategorie. $$$
Villa Belvedere, Via Bagnoli Croci 79, ☎ 094 22 37 91, Fax 09 42 62 58 30. Gemütliches Haus für Individualisten, perfekter Service, Swimmingpool. $$
Ipanema, 98030 Taormina-Mazzarò, Via Nazionale 242, ☎ 094 22 47 20, Fax 09 42 62 58 21. Vom Besitzer persönlich geführtes Haus mit Swimmingpool, wenige Schritte von der Seilbahn nach Taormina entfernt. $$
Villa Bianca, 98030 Taormina-Mazzarò, Piazzale Funivia, ☎ 094 22 44 88, Fax 094 22 45 32. Charmantes, familiäres Haus auf kleiner Anhöhe über der Bucht von Mazzarò, Traumpanorama, liebevoller Service. $$
Villino Gallodoro, Via Nazionale 147, ☎ 094 22 38 60. Hübsche Pension über der Bucht von Mazzarò. Hier kann man auch essen. $$
Villa Chiara, Via Don Bosco 10/b, ☎ 09 42 62 54 21, Fax 094 25 21 09. Kleine Pension, günstige Preise. $

'a Zammàra, Via F. Bandiera 13/15, ☎ 094 22 44 08. Jan./Feb. geschl, Mi Ruhetag. Sizilianische Gerichte, serviert in einem stimmungsvollen Orangengarten. $$

Trattoria da Nino, Via Pirandello 37/a, ☏ 094 22 12 65. Fr Ruhetag. Sizilianisch und ausgezeichnet. Man lässt sich am besten vom Chef beraten. ($)
Granduca, Corso Umberto 170, ☏ 094 22 49 83. Di Ruhetag. Das einstmals sündteure Lokal hat sich zur preiswerten Pizzeria gewandelt. ($)

Tipp 3 km oberhalb von Taormina liegt auf einem Felssporn das reizende Bergdorf **Castelmola** mit Resten einer Burg, pittoresken Gassen und herrlicher Aussicht auf die Küste.

Konkurrenz der Türme

Souvenirs über Souvenirs in Taormina

Giardini Naxos

Die älteste Griechensiedlung Siziliens (10 000 Einw.) ist ganz auf Fremdenverkehr eingestellt. Auswanderer aus Euböa ließen sich 734 v. Chr. am Kap Schisò nieder. Ein vor allem bei Spaziergängern beliebter, 21 ha großer **Archäologischer Park** birgt Reste von Stadtmauern und eines vermutlich der Aphrodite geweihten Heiligtums (🕓 tgl. 9 Uhr bis 1 Std. vor Sonnenuntergang, stimmungsvoll); Fundstücke sind in einem **Museum** (🕓 tgl. 9–14 Uhr) untergebracht. Urlauber genießen die langen Sandstrände des Ortes.

Sizilianisch verstehen nur Sizilianer

Für Römer oder Mailänder ist es eine Fremdsprache: Sizilianisch verstehen nur Sizilianer. Und auch die haben ihre Schwierigkeiten. Mit dem Dialekt, der etwa in Trapani gesprochen wird, kann man sich in Messina kaum verständigen, denn er ist durch die geographische Nähe zu Nordafrika geprägt und daher von zahlreichen arabischen Ausdrücken durchsetzt. Sizilianisch ist das Spiegelbild der Geschichte dieser Insel, deren Sprache Elemente des Arabischen, Spanischen, Französischen und Italienischen enthält, durchmischt und abgeschliffen. Wenn sich Sizilianer miteinander unterhalten – und das oft in Schallgeschwindigkeit –, bleibt auch der italienischkundige Tourist stummer Zaungast. Noch in der ersten Hälfte des 20. Jhs. beherrschten nur gebildete Sizilianer Italienisch. Nicht zuletzt das kulturnivellierende Fernsehen brachte es mit sich, dass die offizielle Staatssprache jetzt auch im abgelegensten Dorf verstanden und gesprochen wird. Insbesondere Fremden gegenüber bemühen sich die Sizilianer um eine deutliche italienische Aussprache. Und in den großen Touristenorten muss auch der Fremdsprachen Unkundige nicht verzweifeln: mit Deutsch kommt man gut über die Runden.

6

Seite 77

AAST, 98030 Giardini-Naxos, Via Tysandros 54, ☎ 094 25 10 10.

Hellenia Yachting, Via Januzzo 41, ☎ 094 25 17 37, FAX 094 25 43 10. Komfortables Hotel am Meer. ($$)
Sant'Alphio Garden, Via Recanati, ☎ 094 25 13 83, FAX 094 25 39 34. Erstklassiges, modernes Haus. ($$)
Kalos, Via Calcide Eubea 29, ☎ FAX 094 25 21 16. Preiswertes Strandhotel in ruhiger Lage. ($)
Villa Mora, Via Naxos 47, ☎ FAX 094 25 18 39. Blitzsaubere Pension im alten Ortsteil. ($)

Sea Sound, Via Januzzo 37/a, ☎ 094 25 43 30. Mo sowie vom 30. 10. bis 30. 4. geschl. Die Baroni di Floristella bieten fürstliche Küche. ($$)
Angelina, Via Calcide Eubea 2, ☎ 094 25 14 77. Gemütliches Fischrestaurant am Hafen. ($)

Riviera dei Ciclopi

Als sich Odysseus und seine Gefährten, so erzählt es uns Homer, aus der Gewalt des Zyklopen Polyphem durch List und Blendung befreiten, schleuderte ihnen der nunmehr blinde einäugige Riese glühende Lavafelsen nach, die zischend im Meer versanken. Nach dieser Legende heißt der Abschnitt zwischen *Acireale* und *Catania* Riviera dei Ciclopi (Zyklopenküste). Die Vorsilbe *Aci* der hier dicht aneinander gereihten Städtchen hat ihren Ursprung ebenfalls in der griechischen Mythologie und erinnert an den Hirten *Akis,* der, in heftiger Liebe zur Nymphe Galathea entbrannt, vom eifersüchtigen Polyphem erschlagen wurde. Für das Happyend dieser tragischen Geschichte sorgte der Meeresgott *Poseidon,* der das Liebespaar in einen Fluss verwandelte, in dem es nun für immer vereint ist.

Al Feudo, Trapitello, Strada per Francavilla, Contr. Feo Coniglio, ☎ 094 25 80 42. Mo Ruhetag. Typisch sizilianisches Lokal im Landhausstil mit angeschlossenem Laden für landwirtschaftliche Produkte. ($)

Bacchus Pub, Via Tysandros 76. Treffpunkt der Jugend bei kleinen Snacks und Drinks, auch Karaoke gibt's. ($)

*Acireale und Aci Trezza

In **Acireale,** der Metropole des sizilianischen Karnevals (50 000 Einw.) mit aufwändigen farbenprächtigen Umzügen, findet man einige schöne Barockbauten, wie den Dom, die Kirche San Sebastiano, das Rathaus und einige Villen. Die *Thermalanlagen* wurden schon von den Römern eifrig genutzt.

Kurverwaltung, 95025 Acireale, Via delle Terme 47, ☎ 095 60 15 08.

Aci Trezza ist ein malerische Fischerstädtchen (12 000 Einw.), vor dessen Hafen sich mehrere Zyklopenfelsen erheben. Der Ort ist ein beliebtes Ausflugsziel der Catanesen, die vor allem die vielen guten Fischrestaurants schätzen.

Trattoria da Federico, Piazza G.Verga 115, ☎ 095 27 63 64. Mo Ruhetag. In der Trattoria werden erstklassige Meeresspezialitäten serviert. ($)

Aci Trezza ist der Schauplatz von *Giovanni Vergas* 1881 erschienenem Roman „I Malavoglia", in dem der Autor einer pessimistischen Weltsicht am Beispiel einer sizilianischen Fischerfamilie Ausdruck verleiht und ihren langsamen Niedergang beschreibt.

Griechisch-Römisches Theater in Taormina

6
Seite 77

*Ätna: auf den Gipfel und rundherum

**Catania – Nicolosi – *Rifugio Sapienza – *Zafferana Etnea – *Piano Provenzana – Linguaglossa – *Randazzo – *Adrano – Paternò – **Catania (185 km)

Der Ätna, Europas mächtigster aktiver Vulkan (3340 m), zieht nicht nur Regenwolken magisch an, die dem umliegenden Gebiet neben der fruchtbaren Lavaerde eine blühende Landwirtschaft bescheren. Auch die Menschen unterliegen seit alters der Faszination von Mongibello, dem „Berg der Berge“. An Respekt hat man es dem Feuerspeier niemals fehlen lassen, der Tod und Verwüstung, jedoch mit Wasser und Erde auch Leben bringt.

Von Catania zum Refugio Sapienza

Die Route (mit Pkw gute 3 Std., mit Bus länger) führt durch sämtliche Vegetationsgürtel Siziliens auf die Süd- und auf die Nordseite des Ätna, die landschaftlich sehr verschieden sind. Gipfelstürmer können sich, gutes Wetter und keine starke Vulkantätigkeit vorausgesetzt, vom Rifugio Sapienza (Etna Sud; rund 1900 m) per Seilbahn und Allradbus bis auf etwa 3000 m Höhe bringen lassen. Den weiteren Aufstieg sollte man nur mit Bergführern unternehmen, die alle gefährlichen Launen des Riesen abzuschätzen vermögen.

Eine Fahrt rund um den Ätna durch Städtchen, deren alte Gebäude vornehmlich aus schwarzem Lavastein errichtet wurden, schließt die erlebnisreiche Tour ab.

7

Seite 85

Ätna-Schmalspurbahn

Um den Ätna kann man auch mit der *Circumetnea* (F.C.E.) fahren, eine Schmalspurbahn, die auf einer Strecke von 105 km (3 Std. 30 Min.), von Catania ausgehend, den Feuerberg zu drei Viertel umrundet. In Giarre steigt man in den normalen Zug bzw. in den Bus um und fährt zurück nach Catania. Die Fahrt kann unterwegs unterbrochen werden, beispielsweise in Adrano und Randazzo. Bahnhof der F.C.E. in Catania Corso delle Province Ecke Viale Vittorio Veneto (nördl. Neustadt).

Nicolosi

Die mit 700 m höchstliegende Ortschaft am Ätna (5400 Einw.) lässt sich über eine gut ausgebaute Straße nach 15 km erreichen. Der Name leitet sich vom Benediktinerkloster San Nicolò ab, das einst das Zentrum der im 13. Jh. entstandenen Siedlung bildete. 1669 wurde es durch den Ausbruch der nahen *Monti-Rossi-Krater* und 1693 durch ein Erdbeben ebenso zerstört wie Catania. Heute prägen vor allem Villen betuchter Catanesen das Ortsbild.

AAST, 95030 Nicolosi, Via Garibaldi 63, ☎ 095 91 15 05, Fax 09 57 91 45 75. **Parco dell'Etna**, 95030 Nicolosi, Via Etna 107, ☎ 095 91 45 88.

Sitas-Funivia dell'Etna (Seilbahngesellschaft), Piazza V. Emanuele 45, ☎ 095 91 11 58.

Gemmellaro, Via Etnea 160, ☎ 095 91 10 60, Fax 095 91 10 71. Modernes Hotel am oberen Ortsrand mit schönem Fernblick. $
Monti Rossi, Via Etnea 177, ☎ 09 57 91 43 93. Einfach. $

Etna, Via Goethe (Pineta Monti Rossi), ☎ 095 91 43 09 (im Winter ☎ 095 91 19 26).

Grotta del Gallo, Via Madonna delle Grazie 40, ☏ 095 91 13 01. Gute Hausmannskost, im Herbst Pilzspezialitäten. ($)

Terrassenlandschaft auf den fruchtbaren Lavafeldern

* Rifugio Sapienza

Ohne extreme Steigungen windet sich die Straße immer höher. Das Gelände vor dem Rifugio Sapienza (1911 m) ist der Haupt- und Tummelplatz aller Ätna-Besucher, mit zahlreichen Anden-

Kleine Ätna-Kunde

Das Ätna-Massiv weist eine Oberfläche von 1750 km², einen Durchmesser von 42 km und einen Basisumfang von 212 km auf. Er ist der jüngste Berg Siziliens und vor etwa einer Million Jahren aus einer breiten Meeresbucht aufgetaucht. Seit Beginn der geschichtlichen Aufzeichnungen – von Pindar und Aischylos (475 v. Chr.) stammen die ersten Beschreibungen des Vulkans – hat man an die 140 große, lang andauernde Ausbrüche registriert. Die verheerendsten Katastrophen ereigneten sich in den Jahren 475 v. Chr., 396 v. Chr. und 36 v. Chr. sowie 1329 und 1669, als ganz Catania zerstört wurde. Beim stärksten Ausbruch, 1928, wurden Straße und Bahnlinie unterbrochen und das Städtchen *Mascali* an der Zyklopenküste verwüstet. 1983 kamen die Lavamassen knapp vor der Ortschaft *Nicolosi* zum Stillstand, 1991/92 nahe *Zafferana Etnea.* Damals gerieten einige Häuser und Gärten unter die Feuerwalze. Der Ätna, der ständig Rauch und Gase von sich gibt, bricht in aller Heftigkeit aus, wenn der Druck der Kontinente Afrika und Europa auf die glühende Masse im Erdinneren zu groß wird und diese in die Höhe presst. Dabei werden gewaltige Kräfte frei: der Hauptkrater, dessen Schlot bis an die Erdkruste reicht, und die beiden derzeit aktiven Nebenkrater (Nordost- bzw. Südostkrater) schleudern tausende Tonnen Lava und Asche hoch in die Luft. Normalerweise hat die 800 bis 1200 °C heiße Lava bei solchen Ausbrüchen Platz genug zum Auslaufen – sie fließt mit einer Geschwindigkeit von ein bis zwei Metern pro Stunde in einen riesigen Talkessel, das 8 km lange und 3–5 km breite *Valle del Bove* („Ochsental"). Unangenehm können dagegen die kleinen Krater im Umkreis des Hauptkraters – in einer Höhe zwischen 2800 und 3000 m – sowie die mehr als 200 Seitenkrater werden, die plötzlich aufplatzen. Aus oft mehrere Kilometer langen Spalten dringt dann Lava aus, die zu einer wirklichen Bedrohung werden kann. Glücklicherweise ereignen sich solche Ausbrüche aber sehr selten. Im Durchschnitt wird alle 150 Jahre eine Ortschaft vernichtet. Wann Ausbrüche erfolgen und wie lange sie dauern ist nicht vorhersehbar. Weißer Rauch aus den Kratern – er enthält viel Wasser – ist harmlos, dunkler Rauch deutet auf Explosionen im Erdinneren hin, stoßweiser dunkler Rauch signalisiert eine Unruheperiode, die entweder in einem Ausbruch gipfelt oder sich auch wieder beruhigen kann. Wie auch immer, aus sicherer Entfernung bieten die Eruptionen und Lavaflüsse ein grandioses, in Südeuropa einzigartiges Naturschauspiel.

7

Seite 85

Der Rest ist Stein

Bis 500 m Seehöhe herrscht am Ätna subtropisches Mittelmeerklima (Südfrüchte, Gemüse, Kartoffeln), dann fährt man durch die Zone des Wein- und Obstanbaus (Kirschen, Äpfel, Birnen, Pflaumen, Aprikosen, Pfirsiche), dem ab etwa 1300 m Edelkastanienwälder folgen, bis das Bild nach und nach von breiten Lavafeldern beherrscht wird. Ab rund 1900 m wächst nur der widerstandsfähige Ätna-Ginster. Bis 2500 m spricht man von der „Kampfzone", in der eine niedrige Vegetation (Moose, Gräser) ums Überleben ringt.

kenläden, Restaurants und Cafés. Nur bei wirklich schönem und klarem Wetter lohnt sich die Auffahrt mit der Kabinenseilbahn *(funivia)* bis zu einer Höhe von 2600 m, von der es dann per *Allradbus* bis zum **Torre del Filosofo** („Turm des Philosophen"; 2917 m) geht, benannt nach Empedokles aus Agrigento (5. Jh. v. Chr.), der nach der Legende durch einen Sprung in den Krater des Ätna seinem Leben ein Ende setzte, um der Erde näher zu kommen. Ehe man *Rifugio Sapienza* Richtung *Zafferana Etnea* wieder verlässt, erheben sich rechter Hand die beiden ***Silvestri-Krater,** aus denen vor noch nicht ganz 100 Jahren Rauch, Asche und Lava ausgespuckt wurden.

7

Seite 85

*Zafferana Etnea

Der Ort (7300 Einw.; 600 m) erlebte aufgrund seiner gefährdeten Lage unter dem Graben des *Valle del Bove* beim Ätna-Ausbruch 1991/92 – wie schon 200 Jahre zuvor – bange Monate, blieb aber glücklicherweise mit Ausnahme eines kleinen Randgebietes von der Feuerwalze verschont. Das liebliche Städtchen ist Ausgangspunkt für *Wanderungen* auf das Vulkanmassiv, oberhalb des Ortes bieten sich aber auch zahlreiche kleinere Spaziergänge durch Weingärten und Kastanienwälder. Einige *Konditoreien* verkaufen den wegen seiner verschiedenen Aromen – von Thymian bis Orangen – berühmten *Ätna-Honig*. Im Dezember versammelt sich hier die schreibende Elite Italiens zur Verleihung des renommierten *Brancati-Literaturpreises*.

Airone, 95019 Zafferana Etnea (CT), Via Cassone 67, ☎ 09 57 08 18 19, Fax 09 57 08 21 42. Modernes Berghotel, komfortabel und sauber. $$
Primavera dell'Etna, Via Cassone 86, ☎ 09 57 08 23 48, Fax 09 57 08 16 95. Große Hotelanlage in altem Olivenhain, gutes Restaurant. $$
Villa Pina, Via dei Gerani 19, ☎ Fax 09 57 08 10 24. Kleines, gemütliches Haus. $

Parco dei Principi, Via delle Ginestre 1, ☎ 09 57 08 23 35. Im Winter Di geschl. Ein Feinschmeckertreff, der auch einen weiteren Umweg wert ist. $$$
Girasole, S. Venerina, Via Riggio 14, ☎ 095 95 41 61. Mo Ruhetag. Solide Hausmannskost à la Siciliana. $$

Milo

Die Sommerfrische (1200 Einw.) mit großen Kastanienwäldern und Weingärten ist bei Catanesen äußerst beliebt. Hier beginnt die 17 km lange *Mareneve-Straße* zum ***Piano Provenzana** (180 m ü. d. M.), dem Ausgangspunkt für Wanderungen auf gekennzeichneten Wegen an der Nordseite des Ätna. Man kann auch direkt an den Hängen des Vulkans nach Linguaglossa fahren – die Nordseite bietet landschaftlich mehr als die Südseite. Der Touristenansturm ist dort geringer – wahrscheinlich weil es keine Seilbahn gibt. Der reichliche weiße Segen – manchmal bis zu 15 m Schneehöhe – gestattet allerdings nur im Sommer, mit den Allradbussen in die Gipfelregion vorzudringen. Von Dezember bis März herrscht hier reger Skibetrieb mit allen dafür nötigen Einrichtungen.

Linguaglossa

Linguaglossa (5600 Einw.; 550 m) wird von Weinbergen und einem schönen Pinienwald *(pineta)* umgeben. Zwar kann der Ort mit einigen barocken Kirchen aufwarten, seine Hauptattraktion ist aber die Lage am Fuß des Ätna. Freunde guten Rebensaftes können sich hier mit einigen Flaschen des dunkelroten, erdig schmeckenden *Ätna-Weins* eindecken.

Pro Loco, 95015 Linguaglossa, Piazza Annunziata 5, ☏ 095 64 30 94.

Happy Day, Via Mareneve 9, ☏ FAX 095/643484. Neubau am Ortsrand. ($)

Ein besonderes Wein-Angebot gibt es bei der **Azienda Viti-vinicola,** Linguaglossa, Strada Provinciale Richtung Zafferana Etnea, ☏ 095 93 36 94.

Harmonie der Formen: Villa im Weinberg

Barocke Kirche in Linguaglossa

* Randazzo

Wie Catania ist dieser Ort (1200 Einw.) eine der „schwarzen Töchter" des Ätna, weil viele der älteren Gebäude noch aus Lavagestein erbaut sind. Die Stadt erlebte unter den Staufern und Aragonesen ihre Hochblüte. Später war sie dann eine beliebte Sommerresidenz des Adels. Noch bis ins 20. Jh. gab es unter der Bevölkerung drei verschiedene Sprachgruppen, die sich aus dem Griechischen, Lateinischen und Lombardischen ableiteten. 1943 verschanzte sich die Deutsche Wehrmacht bei Randazzo zu ihrer letzten Schlacht auf Sizilien, in der das malerische Städtchen schwer beschädigt wurde.

Beachtung verdienen vor allem die drei Kirchen – gemäß den drei Sprachgruppen war abwechselnd jeweils eine die Hauptkirche. Die **Chiesa San Martino** bewahrt von ihrer ursprünglichen Anlage aus dem 14. Jh. den schönen Glockenturm aus Lava- und Kalkstein. Gegenüber dem Gotteshaus stehen noch die Reste der mittelalterlichen Zi-

7
Seite 85

tadelle in Form eines **Turmhauses,** das im 16. Jh. in ein Gefängnis umgebaut wurde.

Das heutige Aussehen der **Chiesa San Nicolò** ist das Ergebnis architektonischer Umgestaltungen aus dem 16. und 17. Jh. Lediglich das Querhaus und die Apsiden sind noch im Original aus dem 14. Jh. erhalten. Von der ursprünglichen **Chiesa Santa Maria,** im 13. Jh. in normannisch-staufischem Stil erbaut, sind noch die Apsiden und die linken Seitenmauern mit Drillings-, Zwillings- und Einzelbogenfenstern zu sehen.

Pro Loco, 95036 Randazzo, Piazza Municipio, ☏ 09 57 99 00 64.

Scrivano, Via Bonaventura, ☏ 095 92 11 26. Einziges Hotel der Stadt, ziemlich abgewohnt, aber mit recht gutem Restaurant. ($)

Veneziano, Via Romano 8a, ☏ 095 92 14 18. So abends geschl., Mo Ruhetag. Hier wird exzellente sizilianische Hausmannskost serviert. ($)

In der Konditorei **Pasticceria Musumeci,** Piazza S. Maria 9/10, finden Liebhaber süßer Schlemmereien ein wahrhaft paradiesisches Angebot.

* Castello di Maniace

Man nimmt jetzt nicht die direkte Straße nach Bronte, sondern die N 120, die Richtung *Nicosia* führt. Nach etwa 12 km zweigt rechts eine schmale Straße zum Castello di Maniace ab, auch *Abbazia di Santa Maria di Maniace* und *Nelson-Villa* genannt. Die 1174 gegründete ehemalige Benediktinerabtei wurde nach dem Feldherrn Georgios Maniakes benannt, der hier 1040 an der Spitze eines byzantinischen Heeres die Araber bezwang. Die Abteikirche im spätnormannischen Stil weist ein schönes Marmorportal und eine Holzdecke normannischen Ursprungs auf.

Nelsons Villa

1799 ging die Abtei an den englischen Admiral Horatio Nelson über, ein Dankesgeschenk König Ferdinands III. für die Unterstützung gegen Neapel. Nelson dürfte sich aber niemals hier aufgehalten haben. Dennoch befanden sich Abtei und angeschlossene riesige Ländereien noch bis 1981 im Besitz der Familie Nelson. In einem kleinen Museum kann man u. a. eine Karaffe und ein Glas bewundern, aus dem Nelson am Abend vor der Schlacht von Trafalgar getrunken haben soll.

* Adrano

Nachdem der Ort seit Normannenzeiten *Adernò* geheißen hatte (35 000 Einw.), erhielt er erst 1929 seinen heutigen Namen.

In der gewaltigen **Normannenburg** (11. und 14. Jh.) präsentiert das **Archäologische Museum** (🕓 Mo–Sa 8.30 bis 13.30 Uhr, So/Fei 9–12 Uhr) vor allem prähistorische Funde. Bei den Ausgrabungen in der **Archäologischen Zone** (Contrada Mendolito) wurden bisher u. a. ein Stadttor mit einer Inschrift in sikulischer Sprache, eine Umfassungsmauer und zwei Basteien freigelegt.

Paternò

Die Stadt (46 000 Einw.) liegt im Mittelpunkt des wichtigsten sizilianischen Zitrusfrüchte-Anbaugebietes auf einer Terrasse über dem breiten Tal des *Simeto*, der mit dem nördlichen *Alcantara* zu den zwei größten Flüssen der Insel gehört. Paternò wurde in der Nähe des antiken *Hybla Gaelatis* von den Normannen gegründet, denen sie die von Roger I. 1073 erbaute und erst jüngst liebevoll restaurierte, 34 m hohe **Burg** als Wahrzeichen verdankt (🕓 nach tel. Anmeldung tgl. außer So 9 bis 12 Uhr, ☏ 095 62 11 09).

7
Seite 85

Route 8

Das Landesinnere: Im Herzen der Insel

** Catania – * Enna – Pergusa-See – * Piazza Armerina (*** Villa Romana del Casale) – * Caltagirone – ** Catania (220 km)

Nirgendwo lässt sich die Seele Siziliens besser erspüren als im einsamen Hügelland rund um den geographischen Inselmittelpunkt Enna. Die seit Jahrtausenden fruchtbare Erde – Quelle des Reichtums für die mächtigen griechischen Stadtstaaten, Kornkammer der Römer, Latifundie aller nachfolgenden Besatzer und bis heute Lieferant für den begehrten Hartweizen – legt nur in den Wintermonaten und im Frühjahr ein grünes Kleid an. Auf einem kahlen, lang gestreckten Felsrücken thront Enna, die höchstliegende Provinzhauptstadt Italiens. Unweit davon liegt der Pergusa-See, den Griechen als Schauplatz einer ihrer wichtigsten Mythen heilig. In unmittelbarer Nachbarschaft befindet sich eine der sensationellsten Ausgrabungen des Altertums und somit eine der Hauptsehenswürdigkeiten Siziliens: ein Landsitz der Spätantike als Zeugnis des luxuriösen Lebens der privilegierten alten Römer.

Mittelpunkte haben es so an sich, dass sie aus jeder Himmelsrichtung erreichbar sind. Eine Fahrt ins Inselinnere lässt sich also genauso gut und mit nahezu gleichem Kilometeraufwand von allen drei Küsten aus unternehmen. Am wenigsten zeitaufwändig und landschaftlich sehr reizvoll ist eine Rundfahrt von *Catania* aus. Über die gebührenfreie Autobahn Richtung Palermo benötigt man etwa eine Stunde bis Enna.

Um Jahrhunderte zurück versetzt die Normannenburg in Adrano

Torre di Federico II in Enna, dem geographischen Mittelpunkt der Insel

Befreiter Sklave

8

Seite 89

* Enna

Jenes heute etwa 30 000 Einwohner zählende Städtchen in fast 1000 m Höhe nannten bereits die Griechen den „Nabel Siziliens“. Die Sikuler gründeten die Ansiedlung, die vermutlich eine der ältesten der Insel ist. Ab dem 7. Jh. v. Chr. geriet das antike *Henna* unter griechischen Einfluss, kurzfristig stand es sogar unter karthagischer Verwaltung. Mitte des 3. Jhs. v. Chr. brach schließlich die jahrhundertelange Herrschaft der Römer an, die es – wie alle Eroberer vor und nach ihnen – auf das reiche Zentrum des fruchtbaren Getreidelandes abgesehen hatten. Rücksichtslos beutete Rom seine Kornkammer aus und es war kein Zufall, dass 135 v. Chr. der erste Sklavenaufstand des Reiches von Enna aus seinen Ausgang nahm.

* Castello di Lombardia und * Torre di Federico II

Erst unsere Zeit setzte dem Anführer des Aufstands, Eunus, vor dem *Castello di Lombardia* für die Geknechteten aller Zeiten ein Denkmal. Das Kastell am Nordostende des Felsrückens – von den ursprünglich 20 Wehrtürmen sind noch sechs erhalten – wurde von Kaiser Friedrich II. errichtet. Sein Namensvetter Friedrich II. von Aragón, König von Sizilien, ließ mehr als ein halbes Jahrhundert später die Festung als Wohnsitz ausbauen. Die Handschrift des Stauferkaisers aber trägt unverkennbar die *Torre di Federico II*, ein am anderen Ende der Stadt aufragender achteckiger Turm, der für Besucher, solange die Restaurierungsarbeiten andauern, nicht zugänglich ist.

Rocca di Ceres

Ein unterirdischer Gang von etwa 1000 m Länge verbindet den kaiserlichen Wohnturm mit dem Kastell, das sich gegenüber der Rocca di Ceres, des Demeterfelsens, erhebt. In der Antike stand an dieser Stelle ein gigantischer Tempel für die Fruchtbarkeitsgöttin, von dem kein Stein auf dem anderen geblieben ist. Nur den Berichten Ciceros ist es zu verdanken, dass die Nachwelt von diesem Heiligtum überhaupt Kenntnis hat.

* Dom

Eine weitere Sehenswürdigkeit ist der Dom. Er wurde 1307 von Eleonora, der Frau Friedrichs II. von Aragón, gegründet und nach einem Brand im 15./16. Jh. wieder aufgebaut. Im anschließenden Pfarrhaus ist im *Museo Alessi* (🕓 1. 6.–3. 9. tgl. 9–12.30 Uhr, sonst Di/Do/Sa 9–12.30 Uhr) der Kirchenschatz untergebracht.

APT, 94100 Enna, Via Roma 411/413, ☎ 09 35 52 82 28, Fax 09 35 52 82 29.

Grande Albergo Sicilia, Piazza N. Colajanni 7, ☎ 09 35 50 08 50, Fax 09 35 50 04 88. Einziges Hotel im Zentrum der Stadt. ($)

Ariston, Via Roma 353, ☎ 093 52 60 38. So Ruhetag. Sizilianische Küche, Fischspezialitäten. ($)

La Kambusa, Viale Caterina Savoia 62, ☎ 093 52 52 22. Di Ruhetag. Gute Hausmannskost. ($)

Trattoria San Gennaro, Via Belvedere Marconi 6, ☎ 093 52 40 67. Mi Ruhetag. Rustikale Küche, viel Gemüse. ($)

Calascibetta

Enna gegenüber liegt der äußerst malerische und kaum besuchte Gebirgsort Calascibetta, ebenfalls ein bereits zur Sikulerzeit besiedelter Platz, der vielen Eroberern als Basis zur Erstürmung der nahezu uneinnehmbaren Festung Enna diente. Nur 10 km weiter nach Süden erstreckt sich der **Pergusa-See,** einst wald- und wiesengesäumter Schauplatz der Entführung Persephones, Tochter der Demeter, in die Unterwelt

8

Seite 89

(s. S. 91). Heute hat sich in dem Fremdenverkehrszentrum eine fragwürdige Freizeitkultur mit Touristendörfern etabliert, die in Autoabgasen zu ersticken drohen. Ganze Wälder wurden abgeholzt, um eine Autorennstrecke zu bauen.

* Piazza Armerina

Nach etwa 20 km ist dieses sehenswerte Städtchen erreicht (22 000 Einw.), das mit seiner Burg aus dem 14. Jh. und der silbrig glänzenden Kuppel des Doms (17./18. Jh.) auf der höchsten Erhebung eines Hügels schon von weitem zu erkennen ist. Mitte August findet in den mittelalterlichen Gassen hoch zu Ross ein farbenprächtiger Umzug in historischen Kostümen zur Erinnerung an die Normannenzeit statt, *Il Palio dei Normanni.*

La Scala in Caltagirone

8
Seite 89

AAST, 94015 Piazza Armerina, Via Camillo Cavour 1, ☏ 09 35 68 02 01.

Villa Romana, Via A. de Gasperi 18, ☏ FAX 09 35 68 29 11. Einfache, etwas abgewohnte Zimmer, Gourmetküche vom Besten. ($)

Park Hotel Paradiso, Contr. Ramaldo, ☏ 09 35 68 08 41, FAX 09 35 68 33 91. Modernes Haus abseits vom Zentrum, Swimmingpool. ($)

Mosaici da Battiato, Contr. Paratore Casale, ☏ FAX 09 35 68 54 53. Schlichte Pension mit gutem Restaurant. ($)

Bellia, Contr. Bellia, Strada Statale 117/bis, ☏ 09 35 68 06 22. Mi Ruhetag. Fisch und Fleisch. ($)

Trattoria Pepito, Via Roma 140, ☏ 09 35 68 57 37. Di Ruhetag. Familienbetrieb mit einfach guter Küche. ($)

*** Villa Romana del Casale

Man ist gut beraten, in Piazza Armerina zu nächtigen, um möglichst früh an der nur 6 km entfernten Pforte zur Villa Romana del Casale, der sogenannten römischen Kaiservilla aus dem 3./4. Jh. n. Chr., zu erscheinen (◷ tgl. ab 9 Uhr bis 1 Std. vor Sonnenuntergang). Vor allem zur Hauptsaison drängen sich die Besucher bereits am Eingangstor. Das Betrachten der berühmten, 3500 m² Fläche bedeckenden Fußbodenmosaike ist dann nur im Gänsemarsch über die Laufstege möglich, die durch die Räume des spätantiken Landhauses führen.

Hausherr der Kaiservilla

Nahmen die Archäologen in ihrer ersten Euphorie über den 1929 gemachten Sensationsfund an, dass die Villa einst Kaiser Maximianus Herculius als Jagdsitz gedient hatte, so ist man heute überzeugt davon, dass der Hausherr ein Sizilianer gewesen sein dürfte, der seinen Reichtum beim Fangen der Tiere für die Zirkusspiele in Rom verdient hat. Vermutlich ist dieser sogar auf dem Mosaik im 70 m langen und 5 m breiten Wandelgang, das eine Großwildjagd in Afrika zeigt, dargestellt.

* Caltagirone

Eine landschaftlich besonders reizvolle Strecke führt nun durch die sanften Berge in die Hochburg der sizilianischen Keramikindustrie (35 000 Einw.), das „Faenza Siziliens". Wie so viele andere Orte auch wurde das Städtchen beim Erdbeben von 1693 zerstört und im Barockstil wieder aufgebaut. Zu den Hauptattraktionen gehören der **Duomo S. Giuliano** und die 1608 angelegte, 142 Stufen zählende Monumentaltreppe ** **La Scala.** Die Treppe verbindet nicht nur den unteren Stadtteil mit den höher liegenden Vierteln, sondern zeigt an der Schauseite der Stufen farbenprächtige *Majoliken* mit Motiven aus der sizilianischen Geschichte. Am oberen Ende der Treppe, die zum farbenprächtigen *Fest des S. Giacomo* (24./25. Juli) im Licht von tausenden Kerzen glänzt, thront die **Chiesa S. Maria del Monte,** 1143 gegründet und 1693 neu errichtet. Die wahre Verführung aber sind die unzähligen Keramikläden mit dem geschmackvollsten Angebot von ganz Sizilien. Wer seine Brieftasche schonen will und sich dennoch an der bunten Pracht erfreuen möchte, ist im **Museo della Ceramica,** das einen Überblick über die Keramikkunst von den prähistorischen Anfängen bis heute gibt, an der richtigen Adresse (Via Roma – Giardini Pubblici; ◷ tgl. außer Mo 9–14 Uhr, So/Fei 9–13 Uhr).

AAST, 95041 Caltagirone, Palazzo Libertini di S. Marco, ☏ 093 35 38 09.

Villa San Mauro, Via Porto Salvo 18, ☏ 093 32 65 00, FAX 093 33 16 61. Komfortables Haus mit Garten und Pool. ($)

8

Seite 89

Pomara, 95040 San Michele di Ganzaria, Via Vitt. Veneto 84, ☏ 09 33 97 69 76, Fax 09 33 97 70 90. Familiär geführtes Hotel mit ausgezeichnetem Restaurant. $

Non Solo Vino, Via Vittorio Emanuele 1, ☏ 093 33 10 68. Mo Ruhetag. Ausgezeichnete sizilianische Küche. $

Mosaiken in der Villa Romana del Casale

Olympisches Kidnapping am Pergusa-See

Ohne List, Tücke, Intrigen, Inzest, Lüsternheit und ein schreckliches Durcheinander kein griechischer Götterhimmel! Doch genau das ist das Salz in der Suppe der Mythen, mit denen sich die Hellenen die Entstehung und den Lauf der Welt erklärt hatten. Als wahre Meister der Dramaturgie steigerten sie die Spannung mit der Bedeutung des Themas. Dementsprechend aufregend geht es bei so Elementarem wie dem Wechsel der Jahreszeiten, dem ewigen Kreislauf von Tod und Wiedergeburt zu: niemand geringerer als *Hades* (röm.: Pluto), der schreckliche Gott der Unterwelt, begehrte seine Nichte, die schöne *Persephone* (röm.: Proserpina), zur Frau. Dass die Mutter des Mädchens, die Fruchtbarkeitsgöttin *Demeter* (röm.: Ceres) ihrem Bruder niemals die Einwilligung geben würde, war klar. So wandte sich der Verliebte an seinen allmächtigen Bruder *Zeus* (röm.: Jupiter), der pikanterweise gleichzeitig auch der Vater Persephones ist. Tatsächlich erteilte der Götterchef die Erlaubnis zur Hochzeit, nur schnell und heimlich müsste alles über die Bühne gehen. Prompt entführte Hades die arglose Persephone von den blühenden Wiesen des Pergusa-Sees (!) in sein düsteres Reich.

Weil griechische Götter zwar unsterblich, aber nicht allwissend sind, konnte Demeter nichts vom Schicksal ihres verschwundenen Kindes ahnen. Verzweifelt legte sie die Arbeit nieder und machte sich auf die Suche. Die Früchte der Erde verdorrten, die Menschen verhungerten und auch die Olymper darbten. Weil es nichts mehr gab, brachte man ihnen nämlich keine Opfer mehr dar. Welch herrlicher Skandal! Die Himmlischen zürnten, die Gerüchteküche brodelte, alle ereiferten sich, nur Zeus gab sich so verdächtig desinteressiert, dass schließlich doch noch alles ans Tageslicht kommen musste. Demeter raste vor Wut und Schmerz, doch was geschehen war, ließ sich nicht mehr gänzlich rückgängig machen. Denn wer einmal vom Wasser der Unterwelt getrunken hat, ist verloren. Doch mit höchster Protektion gibt es sogar in der Hölle ein Hintertürchen. Alljährlich darf Perspehone seither für neun Monate in die Oberwelt zurückkehren, dann aber heißt es wieder für drei Monate Abschied nehmen. Wenn sie mit Demeter glücklich vereint ist, blüht und grünt die Erde. Trauert die Fruchtbarkeitsgöttin um ihre Kore (griechisch; Mädchen), dann bricht die tote Jahreszeit an.

Der *Raub der Persephone* inspirierte Künstler vieler Richtungen und Epochen: Bernini zu einer Plastik (Kopie in Enna), Rubens, P. Breughel d. J. und Rembrandt zu Gemälden, Goethe zu einem Drama, Strawinsky zu einem Melodram, Monteverdi und Lully zu Opern.

8

Seite 89

Praktische Hinweise von A–Z

Ärztliche Versorgung

Für Mitglieder gesetzlicher Krankenkassen ist die ambulante Behandlung in den italienischen öffentlichen Krankenhäusern sowie bei Vertragsärzten gegen Vorlage eines Auslandskrankenscheins kostenlos (Anspruchsausweis sowie nähere Auskunft bei den Krankenkassen). Praxisärzte bevorzugen aber meist Barzahlung. Für die Erstattung durch die Heimatkasse benötigt man eine quittierte Rechnung. Wer ganz sicher gehen will, sollte eine private Auslandskrankenversicherung abschließen (samt Rücktransport per Ärzte-Jet im Notfall). Die medizinische Versorgung entspricht insbesondere in den Touristenzentren (Taormina, Cefalù etc.) gutem europäischem Standard, es gibt auch deutschsprachige Ärzte.

Das Netz an gut sortierten **Apotheken** *(farmacie)* ist dicht.

Diplomatische Vertretungen

Deutschland
Konsulat: Via Milano 10/A, 95128 Catania, ☎ 095 38 69 28, FAX 095 44 18 87.
Konsulat: Via S. Sebastiano 13,
98122 Messina, ☎ FAX 090 67 17 80.

Österreich
Konsulat: Rom (kein Konsulat auf Sizilien), Via Liegi 32, ☎ 068 55 29 66, FAX 06 85 35 29 91.

Schweiz
Konsulat: Piazza Cavour 36,
95128 Catania, ☎ 095 44 78 84.

Elektrizität

Die Stromspannung beträgt durchwegs 220–230 Volt. Sollte ein Stecker für Rasierer oder Fön nicht passen, so erhält man in fast jedem Elektrogeschäft (und meist auch an der Hotelrezeption) einen entsprechenden Adapter *(spina di adattamento)*.

Feiertage

Italiens gesetzliche Feiertage: 1. Januar, Ostermontag, 25. April (Tag der Befreiung), 1. Mai (Tag der Arbeit), 15. August (Mariä Himmelfahrt), 1. November (Allerheiligen), 8. Dezember (Mariä Empfängnis), 25./26. Dezember (Weihnachten).

FKK

„Ganz ohne"-Fans müssen sich andere Reviere suchen, in Sizilien dürfen sie sich auf keinen Fall hüllenlos in der Sonne aalen. Wenn Damen sich einmal ihrer Bikini-Oberteile entledigen, wird dies heute zwar weitgehend toleriert, es sollte aber ganz dezent erfolgen.

Geld und Währung

Die italienische Währungseinheit ist die Lira (Lit). Für 1 DM bekommt man seit Einführung des Euro 990 Lire. Banken (Einlösen von Euro- und Travellerschecks, Eurocheques bis max. 300 000 Lire pro Scheck) findet man in allen Urlaubsorten (🕓 meist Mo–Fr 8.30 bis 13.30 und 14.45–15.45 Uhr). Zum Geldabheben rund um die Uhr stehen EC-Bankomaten zur Verfügung. Kreditkarten werden in den meisten Hotels, Restaurants und Geschäften akzeptiert. Devisen und Lire dürfen in unbegrenzter Höhe eingeführt und bis zu 20 Mio. Lire wieder ausgeführt werden. Höhere Beträge sind vor der Einreise zu deklarieren. Von Postsparbüchern kann man gegen Vorlage des Personalausweises bis zu 1 Mio. Lire abheben.

Haustiere

Häuser, in denen Hund und Katz willkommen sind, zeigen dies durch ein eigenes Tier-Zeichen im Hotelverzeichnis an. Dies gilt auch für Campingplätze. Für den Grenzübertritt sind offiziell eine Herkunftsurkunde, ein amtstierärztliches Gesundheitszeugnis (höchstens 30 Tage alt) sowie ein mindestens 20 Tage und maximal 11 Monate altes Tollwut-Impfzeugnis erforderlich.

Information

Auskünfte erteilen die Staatlichen Italienischen Fremdenverkehrsämter (ENIT) in:

Deutschland
Karl-Liebknecht-Str. 34,
D-10178 Berlin, ☎ 0 30/2 47 83 97,
FAX 2 47 83 99.
Kaiserstraße 65, D-60329 Frankfurt/M.,
☎ 0 69/23 74 30, FAX 23 28 94.
Goethestraße 20, D-80336 München,
☎ 0 89/53 03 69, FAX 53 45 27.
Österreich
Kärntner Ring 4, A-1010 Wien,
☎ 01/5 05 43 74, FAX 5 05 02 48.
Schweiz
Uraniastraße 32, CH-8001 Zürich,
☎ 01/2 11 36 33, FAX 2 11 38 85.

Kriminalität

Weder Schauermärchen noch Sorglosigkeit sind angebracht – und schon gar nicht Angst vor der Mafia, die ja am Tourismus kräftig mitnascht. Folgende Vorsichtsmaßnahmen sollte man jedoch unbedingt beherzigen: keine Wertsachen (Taschen, Kameras, etc.) im Auto liegen lassen, wenn möglich das Autoradio herausnehmen und das (leere) Handschuhfach öffnen; Schmuck, Geld, Pässe und andere wichtige Dokumente deponiert man am besten im Hotelsafe; vollgepackte Autos bei der Anreise möglichst nicht aus den Augen lassen, vor allem auf Autobahnrast- und Parkplätzen. In den Großstädten sollten Damen auf Handtaschen möglichst verzichten.

Märkte

Die größten Bekleidungs- und Lebensmittelmärkte findet man in Catania (tgl. außer So bei der Piazza Stesichoro) und Palermo (tgl. außer So im turbulenten Marktviertel Vucciria) sowie in Giardini Naxos (Ortsteil Recanati, jeden Sa Vormittag, jedoch nicht am 5. Sa im Monat) und Taormina (Mi).

Medien

Deutschsprachige *Radioprogramme* sind in Sizilien nur über Kurzwelle zu empfangen. Viele Hotels bieten aber *Satellitenfernsehen* mit deutschen Programmen an. Deutschsprachige *Zeitungen* erhält man lediglich in den Touristenzentren.

Notruf

Polizei (Carabinieri): ☎ 112, 113.
Notruf: ☎ 118.
Pannendienst des ACI: ☎ 116.

Autofahren: Alptraum oder Spaß?

Eine rote Ampel gilt lediglich als Empfehlung zur Vorsicht. Auf diesen kurzen Nenner lassen sich die Verkehrsregeln auf Sizilien bringen. Was Mitteleuropäern zunächst als blankes Chaos erscheinen mag, hat jedoch durchaus sein System. Da in den Städten und Ortschaften die Straßen meist sehr eng sind, wird jeder Zentimeter ausgenutzt. Das heißt, man fährt hautnah. Das erfordert Nerven, aber hat man sich einmal daran gewöhnt, wird der Alptraum zum Spaß. Sizilianer sind tolerante Autofahrer. Fremde im Schneckentempo auf der Suche nach einer Gasse oder einem Hotel werden, auch wenn sie den Verkehrsfluss hemmen, nur selten ungeduldig angehupt. Auch das sture Beharren auf ein Vorfahrtsrecht, im Norden gang und gäbe, kennt man auf der Insel nicht. Wichtig ist, den Blickkontakt zu anderen Verkehrsteilnehmern zu suchen. Natürlich gibt es auch einmal rücksichtslose Straßenkameraden. Doch diesen den berüchtigten „Autofahrer-Gruß" mit erhobenem Mittelfinger zu zeigen, würde auf totales Unverständnis stoßen.

Öffnungszeiten

Die meisten *Geschäfte* haben Montag bis Samstag von 9 bis 12.30 und von 15/16 bis 19.30 Uhr geöffnet, doch werden die Ladenschlusszeiten sehr flexibel gehandhabt. Manche *Lebensmittel-Supermärkte* halten auch am Sonntag offen und bleiben dafür Montag vormittags oder Mittwoch am Nachmittag geschlossen. Die Dienststunden der *Postämter* sind in der Regel Montag bis Freitag von 8.30 bis 13.30 Uhr, Samstag bis 12 Uhr. Die *Museen* konnten sich bisher nicht auf einheitliche Öffnungszeiten einigen, die meisten haben jedoch Montag Ruhetag. Kirchen kann man vormittags bis 12 Uhr und dann wieder von 16/17 bis 19 Uhr besichtigen.

Rechnungen

der Restaurants und Geschäfte sind kurz aufzubewahren; Stichproben der Finanzpolizei kommen häufig vor.

Souvenirs

An Mitbringseln ist die Auswahl vor allem an *kulinarischen Spezialitäten* (Wein, Olivenöl, Käse, Kapern, Mandelplätzchen, Honig), aber auch an Schnäppchen, die sich auf den Wochenmärkten machen lassen, sehr groß. Das *modische Angebot* reicht von T-Shirts über Hosen, Kleider, Jacken und Pullover bis zu Socken, Strümpfen und Schuhen, alles ungemein preiswert, wenn man ein wenig zu handeln versteht. Weniger brieftaschenfreundlich sind die Boutiquen am Corso von Taormina, wenn sie auch der Mode letzten Schrei offerieren. Kaum widerstehen wird man den bunten sizilianischen *Keramiken* (am günstigsten direkt bei den Produzenten in Santo Stefano di Camastra oder Caltagirone), ebenso den *Stickereien* und *Spitzen*, die von Sizilianerinnen noch in Handarbeit gefertigt werden.

An schaurig-schönem *Souvenir-Kitsch* in allen Preisklassen – wie Ritter-Marionetten oder Lava-Aschenbechern – herrscht wahrlich kein Mangel.

Taxi

Viele Taxis haben keine Gebührenzähler, so dass es unbedingt notwendig ist, sich über den Fahrpreis im voraus zu einigen. Grundsätzlich ist Taxifahren eine kostspielige Angelegenheit. Für Ausflüge empfehlen sich Gruppenfahrten mit Bussen; sie werden von lokalen Reisebüros laufend organisiert.

Telefon

Italien erreicht man im telefonischen Selbstwählverkehr durch Vorwahl von 00 39, die Null vor der jeweiligen Ortsnetzkennzahl ist seit 1998 hinzuzufügen. Innerhalb Italiens müssen *alle* Nummern mit der Ortsvorwahl gewählt werden. Von Italien aus muss für Deutschland 00 49, für Österreich 00 43 und für die Schweiz 00 41 vor der jeweiligen Ortsnetzkennzahl (ohne Null) gewählt werden. Rufnummer für die nationale Telefonauskunft in ganz Italien: 12, für die internationale: 176.

Telefongespräche kosten vom Hotel aus viel, zum offiziellen Tarif spricht man von den öffentlichen Fernsprechern, die durchweg auch mit Telefonkarten (*scheda telefonica* zu 5000/10 000 Lire; erhältlich in Postämtern, Tabakläden und manchen Bars) zu benützen sind.

Trinkgeld

In Restaurants sind 10 % des Rechnungsbetrages üblich. Trinkgelder werden grundsätzlich für alle persönlichen Dienstleistungen, also im Café, im Hotel, beim Friseur etc. erwartet. Auch dem Hotel-Zimmermädchen hinterlässt man ein Trinkgeld.

Zoll

Seit dem Schengener Abkommen sind innerhalb der EU-Länder Geschenke und Mitbringsel zollfrei; bei Waren für den persönlichen Gebrauch gelten folgende Richtmengen: 800 Zigaretten, 10 l Spirituosen, 90 l Wein pro Person ab 15 bzw. 17 Jahre. Für das Nicht-EU-Mitglied Schweiz gilt: 200 Zigaretten, 1 l Spirituosen, 2 l Wein und Reiseandenken bis zu 200 sfr.

Register

Orts- und Sachregister

Personenregister

Bildnachweis

Alle Fotos Apa Publications/Glyn Genin außer Peter Amann: 1; Archiv für Kunst und Geschichte, Berlin: 15/2, 17; Roswit von Bressensdorf: 9; Dietlind Castor: 21/1; Bernd Helms: 29/1–2, 33/1, 43/2, 63, 65/1, 67, 69/1–3, 73/2, 79/2, 87/3, 91, Umschlag hinten (Bild 2); Volkmar Janicke: 6; Gerold Jung: 11/1; Tony Stone/Kevin Schafer: Umschlag vorne.